AF573323

Gabriele Frankemölle

Meine neuen besten Rezepte für den Slow Cooker

Bassermann

Inhaltsverzeichnis

Infoteil

Rezepte

Vorwort

Kochen ohne in der Küche zu stehen: Ich freue mich sehr, dass so viele von Ihnen das Prinzip Langsamgaren inzwischen kennen und schätzen. Und ständig auf der Suche nach neuen Kochanregungen sind. Hier sind sie also, meine neuen besten Rezepte für Slowcooker & Schongarer. Freuen Sie sich auf 50 bisher unveröffentlichte köstliche Rezepte aus der deutschen und internationalen Küche, von leichten Suppen über Hauptgerichte mit und ohne Fleisch bis zu Mehlspeisen und Desserts. Alle getestet und gelingsicher!

Wenn Sie in Ihrem stressigen Alltag nicht viel Zeit fürs Kochen finden oder sich lieber der Familie, Freunden oder Hobbys widmen: Der Slowcooker hilft Ihnen, köstliche Mahlzeiten aus frischen Zutaten auf den Tisch zu bringen. Er gart quasi in Zeitlupe und ohne weiteres Zutun, so lange die Füll- und Flüssigkeitsmenge stimmen. Kein Umrühren, kein Anbrennen, kein Dabeistehen.

Damit Sie die Mengen- und Garzeitangaben für Ihre Bedürfnisse anpassen können, erkläre ich Ihnen in der Einleitung ein bisschen Grundwissen zum Langsamgaren. Und direkt im Anschluss können Sie loslegen mit Ihren neuen Rezeptfavoriten – ich wünsche Ihnen gutes Gelingen und guten Appetit!

5 verblüffende Slowcooker-Fakten

1 Fleisch wird beim Langsamkochen schneller zart als Gemüse. Sie schneiden also bei der Slowcooker-Gulaschsuppe kleine Kartoffel- und größere Fleischwürfel – beim herkömmlichen Kochen ist es umgekehrt.

2 Das stundenlange Kochen schlägt sich nicht auf Ihrer Stromrechnung nieder. Die meisten Slowcooker verbrauchen kaum mehr Strom als eine helle Glühbirne (100 Watt).

3 Eine halbe oder sogar ganze Stunde Garzeit mehr spielt kaum eine Rolle. Es verkocht nichts, es brennt nichts an, sofern genug Flüssigkeit im Topf ist.

4 Slowcooker sind Rudeltiere. Wer einen hat und mit der Kochmethode klar kommt, schafft sich meistens noch weitere Geräte an. Damit man auch ganz kleine Mengen im 1,5-Liter-Topf zubereiten und im 6,5-Liter-Topf Fonds und Suppen auf Vorrat kochen kann.

5 Mehr als 80 Prozent der US-Haushalte besitzen einen Slowcooker, das Gerät ist dort so verbreitet wie Toaster und Mixer.

Die 10 goldenen Regeln für den Slowcooker

Die richtige Einfüllmenge und die passende Topfgröße

Das aufsichtsfreie Langsamkochen funktioniert nur, wenn der Slowcooker-Einsatz mindestens zur Hälfte und maximal zu zwei Drittel gefüllt ist. Danach sind auch die Mengen und Zeiten in diesem Buch berechnet.

Um die richtige Topfgröße zu wählen, gilt:

- Nehmen Sie den 1,5-l-Topf, wenn Sie 2 Portionen zubereiten wollen.
- Aus einem 3,5-l-Topf kommen etwa 4 bis 6 Portionen.
- Ein 6,5- oder 8-l-Topf ergibt etwa 8 bis 12 Portionen.

Geben Sie weniger Flüssigkeit als üblich hinzu

Weil nichts sprudelnd kocht und der Deckel dicht schließt, verdunstet beim Schongaren kaum Flüssigkeit. Gießen Sie also nicht zu viel Wasser an, damit zum Beispiel Saucen nicht wässrig werden. Entgegen der Aussagen in manchen Gebrauchsanleitungen muss das Kochgut keinesfalls von Wasser bedeckt sein.

Kartoffeln, Wurzelgemüse, Zwiebeln kommen nach unten

Gemüse hat eine feste innere Struktur und braucht im Slowcooker länger zum Weichwerden als Fleisch. Unten im Topf liegt das Gargut in Flüssigkeit, wo die Temperaturen höher sind.

Entfernen oder grillen Sie Geflügelhaut

Die Geflügelhaut gibt sehr viel Fett ab und bleibt »glibberig«, sofern Sie sie nicht am Ende kurz unter dem Grill aufknuspern. Das funktioniert wunderbar – nicht nur bei Hähnchenschenkeln, sondern auch bei Brathuhn im Ganzen, Krustenbraten oder Rippchen.

5 Anbraten kann, muss aber nicht

Zartes Gulasch und Rouladen bekommt der Slowcooker auch ohne Anbraten hin. Aus optischen Gründen brate ich trotzdem oft an – es sieht einfach besser aus und die Röstaromen von Zwiebel, Gemüse und Fleisch bringen zusätzlich Geschmack ins Gericht.

6 Würzen Sie vorsichtiger als gewohnt

Die lange Garzeit im Slowcooker intensiviert die Aromen – und auch die Schärfe! Verwenden Sie daher weniger Chili und getrocknete Kräuter als beim Kochen auf dem Herd. Frische Kräuter vertragen Schongaren nicht gut und werden erst ganz am Ende zugegeben.

Öffnen Sie den Deckel so wenig wie möglich

Bei jedem Heben des Deckels verliert der Topf Temperatur und damit verlängert sich die Garzeit ein wenig. Natürlich können Sie ein, zweimal nachsehen, umrühren, würzen oder Garzustand kontrollieren – aber bitte nicht jede Viertelstunde.

Rechnen Sie die Kochstufen richtig um

Fast alle Gerichte können Sie statt auf HIGH auch auf LOW garen und umgekehrt – ganz wie es zu Ihrem Tagesablauf und Ihrer Zeitplanung passt. Es gilt:

- **1 Stunde auf HIGH entspricht etwa 2 bis 2,5 Stunden auf LOW.**
- **1 Stunde LOW entspricht etwa 20 bis 30 Minuten HIGH.**

Falls sich bestimmte Heizstufen für empfindliche Gerichte nicht eignen, habe Ich es in den Rezepten dazugeschrieben.

Aufwärmen? Nicht mit dem Slowcooker!

Das Garen bei niedrigen Temperaturen ist sicher durch die lange Gardauer, bei der am Ende das Gargut bakteriensichere Temperaturen erreicht. Im Umkehrschluss heißt das: Wenn Essen nur kurz auf Tellertemperatur erwärmt wird, ist das nicht sicher! Wärmen Sie Essen auf dem Herd oder in der Mikrowelle auf. Allenfalls können Sie den Slowcooker zum Warmhalten von bereits heißen Speisen verwenden.

Vermeiden Sie zeitverzögerten Garbeginn

Rouladen heute anbraten, morgen garen bzw. den Topf später mit Zeitschaltuhr anstellen? Nein, halbrohe Zutaten im Slowcooker-Einsatz ungekühlt auf den Garbeginn warten zu lassen, ist nicht bakteriensicher. Garen Sie immer bis zum Garende, und halten Sie dann die heiße Speise warm.

Lernen Sie Ihren Topf kennen

Slowcooker sind günstige Küchenkleingeräte ohne große Technik. Temperatursensoren haben die meisten nicht, gradgenaues Garen ist daher nicht möglich. Das macht exakte Kochzeiten oft zu einem Ratespiel, denn Modell A erreicht auf LOW möglicherweise 80 °C, bei Modell B sind es 85 Grad und Topf C köchelt bei HIGH fleißig bei 95 Grad vor sich hin.

Rinderbraten oder Kichererbsencurry kann also in einem schnarchnasigen, also langsamen Topf zehn Stunden LOW benötigen, in einem heißblütigen nur sechs oder sieben. Ob Sie das Fleisch anbraten, mehr oder weniger Flüssigkeit zugeben und Gemüsestücke größer oder kleiner schneiden, spielt auch eine Rolle.

Wenn Sie genau überlegen, ist es beim »normalen« Kochen auch nicht anders: Die Angabe »Kartoffeln gar kochen« kann 10 Minuten umfassen (kleine Menge, kleine Stücke, hohe Kochstufe) oder 30 Minuten (große Menge, unzerteilt, Herd nicht auf maximal gestellt). Da beim Slowcooker die Garprozesse quasi in Zeitlupe ablaufen, ist auch das »von – bis« bei der Garzeit besonders lang!

Wie man bei so viel Fragezeichen und Variablen das Essen pünktlich fertig bekommen soll, fragen sich nun unerfahrenere Köch*innen. Meine Antwort: Am schnellsten kommen Sie zu verlässlichen Kochzeiten, wenn Sie eine kleine Versuchsreihe starten. Kochen Sie einige Rezepte 1:1 nach, starten Sie frühzeitig, denn Warmhalten oder auf dem Herd aufwärmen geht immer, und notieren Sie sich die Ergebnisse. So wissen Sie, ob Sie die Garzeiten in diesem Buch kürzen, genau übernehmen oder verlängern müssen.

Slowcooker-Garzeiten sind immer Näherungswerte. Aber die für Sie passenden Werte haben Sie mit ein paar Versuchen bald herausgefunden. Genießen Sie es, dass Sie sich in jedem Fall mehrere Stunden nicht um Ihr Essen kümmern müssen!

Meine 6 Tipps für die erfolgreiche Slowcooker-Premiere

1 Beginnen Sie mit Suppen oder Schmorgerichten, die mehr oder weniger Flüssigkeit und eine halbe Stunde mehr oder weniger Garzeit nicht übelnehmen. Heben Sie sich empfindlichere Speisen für die Zeit auf, zu der Sie das Garverhalten Ihres Topfes genauer einschätzen können.

2 Garen Sie keine (zu) kleinen Mengen in einem großen Slowcooker. Der Topf sollte mindestens halb voll sein, damit das Verhältnis von beheizter Fläche zum Inhalt stimmt und nichts am Rand ansetzt. Rechnen Sie die Rezeptmengen gegebenenfalls passend für Ihren Topf um (siehe Seite 14).

3 Bevorzugen Sie anfangs die Garstufe LOW. Auf HIGH ist die Chance größer, dass der Topfinhalt zu simmern und am Rand anzusetzen beginnt.

4 Kontrollieren Sie bei den von-bis-Garzeiten bereits nach der kürzesten Zeitangabe den Garzustand. Beispiel: Bei einem Rinderbraten sind sieben bis neun Stunden auf Stufe LOW angegeben. Schauen Sie nach sieben Stunden nach, nicht erst nach neun.

5 Muss Ihr Topf häufig unbeaufsichtigt vor sich hin kochen, investieren Sie in einen Topf mit Digitalsteuerung oder eine Zeitschaltuhr. So wird der Topf automatisch auf »Warmhalten« oder »Aus« gestellt.

6 Stressen Sie sich nicht dadurch, dass Sie ein neues Gericht gleich für einen ganzen Tisch erwartungsvoller Gäste kochen. Mit bewährten Rezepten, deren Kochzeit Sie gut kennen, fahren Sie besser.

Umrechnung der Rezeptmengen auf andere Topfgrößen

In diesem Buch finden Sie Rezepte für verschiedene Topfgrößen – das heißt aber nicht, dass Sie genau die von mir verwendeten Topfgrößen und Mengen nehmen müssen. Alle Rezepte lassen sich problemlos anpassen. Beachten Sie dabei:

» **Sie müssen das Rezept nicht aufs Gramm genau umrechnen. Pi mal Daumen reicht.**

» **Der Slowcooker arbeitet am besten, wenn er mindestens bis zur Hälfte und maximal zu ⅔ gefüllt ist.**

3,5 l Rezepte

» für den 1,5-l-Topf Mengen halbieren

» für den 6,5-l-Topf Mengen verdoppeln

1,5 l Rezepte

» für den 3,5-l-Topf Mengen verdoppeln

» für den 6,5-l-Topf Mengen vervierfachen

6,5 l Rezepte

» für den 1,5-l-Topf Mengen vierteln

» für den 3,5-l-Topf Mengen halbieren

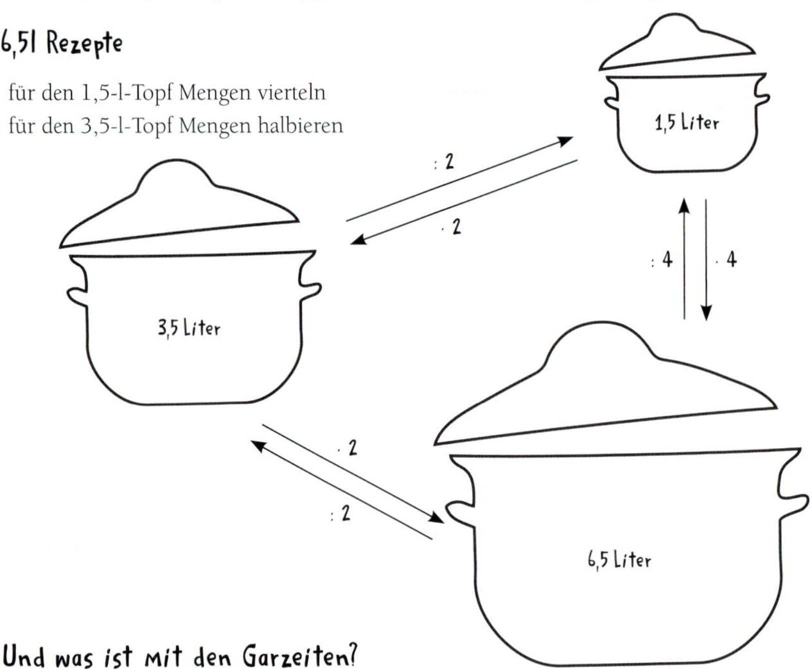

Und was ist mit den Garzeiten?

» Wenn Sie Mengen verkleinern oder vergrößern und dementsprechend einen kleineren oder größeren Topf verwenden, ändern sich die Zeiten nicht.

» Verkleinern oder vergrößern Sie aber die Zutatenmengen und behalten die im Rezept angegebene Topfgröße bei, ist der Einsatz weniger oder mehr gefüllt als in meinem Rezept. Das führt zu kürzeren oder längeren Kochzeiten. Bitte behalten Sie in diesem Fall Ihr Gerät im Auge und testen Sie den Garzustand der Zutaten. **Töpfe, die nur bodenbedeckt gefüllt sind, sollten nicht ohne Aufsicht garen!**

Anpassen der Rezepte für Instant Pot und Multikocher

Suppen, Eintöpfe, Schmorgerichte mit viel Sauce und Aufläufe sind die Kernkompetenz des Slowcookers. Und genau das sind auch die Rezepte, die wunderbar in den Multikochern der neuen Generation gelingen. Instant Pot, Ninja Foodie, »Mein Hans«, Crockpot Express und all die anderen können unter Druck garen, aber auch langsam kochen – verwenden Sie sie ruhig als Slowcooker.

Mengenmäßig bekommen Sie in den Einsätzen die Mengen von 3,5-l-Slowcooker-Rezepten gut unter, manchmal sogar die 1,5fache Menge. Die von mir getesteten Multigarer kochten verlässlich schonend und die Slowcooker-Zeiten trafen zu, nachdem ich erstmal herausgefunden hatte, ob »Slow Cook« eher LOW oder HIGH bedeutet (meist ersteres).

Wenn ich vergessen haben, Essen rechtzeitig vorzubereiten, nutze ich gern die Druckgarstufe des Multikochers. Gerade bei Hülsenfrüchten finde ich die Ergebnisse ausgesprochen gut, ebenso bei Fleisch – Gemüse habe ich dagegen auch schon übergart, sprich: es war zu weich.

Da die Geräte alle unterschiedlich zu bedienen sind, kann ich keine genauen Aussagen zu Einstellungen und Garzeiten geben – bitte schauen Sie in die Betriebsanleitungen. Die meisten Multigarer haben zwei unterschiedlich intensive Druckgarstufen: Die »stärkere« finde ich besser für Hülsenfrüchte und Fleisch, die »mildere« für Gemüse und Kartoffeln.

Suppen, kleine Speisen, Beilagen

Mit Rind- oder Schweinefleisch

Mit Geflügel

Vegetarisch

Möhren-Pastinaken-Suppe

Möhren und Pastinaken sind normalerweise milde Gemüse – nicht aber, wenn man sie wie in dieser leichten Suppe mit indischen Gewürzen aufpeppt. Verwendet man statt Joghurt eine pflanzliche Alternative, ist das Gericht vegan.

Für die Suppe

- » 400 g Pastinaken, in 1 cm dicken Scheiben
- » 500 g Möhren, in 1 cm dicken Scheiben
- » 1 Stück frischer Ingwer, 1–2 cm
- » 1 Knoblauchzehe
- » 1,2 l Gemüsebrühe
- » 1 TL Curry, mild oder scharf
- » 1 TL Garam Masala
- » 100 ml ungesüßter Kokos- oder Mandeldrink
- » Salz, Pfeffer

Zum Servieren

- » Naturjoghurt
- » frischer Koriander

1. Das Gemüse in den Einsatz des Slowcookers geben. Ingwer und Knoblauch dazu pressen. Brühe angießen und nach Geschmack mit Curry und Garam Masala würzen (gerne erst etwas vorsichtiger, die Schärfe durch den Ingwer wird noch intensiver).

2. Auf Stufe LOW etwa 8 bis 9 Stunden, auf HIGH etwa 4 bis 4,5 Stunden garen.

3. Die Suppe pürieren, mit dem Pflanzendrink verrühren und abschmecken. Mit einem Klecks Joghurt und etwas Koriandergrün servieren.

8–9 STD 4–4,5 STD

oder High

Suppe mit Hähnchenbrust, Sahne & Möhren

Diese reichhaltige Suppe stammt aus der US-amerikanischen Küche. Sie schmeckt sehr aromatisch und macht wenig Arbeit.

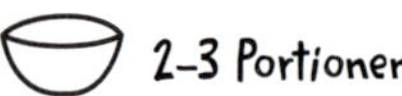

TOPFGRÖSSE
2,4 Liter

VORBEREITUNGSZEIT
15 Minuten

Für die Suppe

- 250 g Hühnerbrustfilet, in Würfeln
- 1 Zwiebel, gehackt
- 1 Knoblauchzehe, zerdrückt
- 300 g Kartoffeln, in 1 cm großen Würfeln
- 150 g Möhren, in schmalen Scheiben
- Salz, Pfeffer
- 1 Prise Thymian
- 1 Prise Oregano
- 500 ml Hühnerbrühe
- 100 g Frühstücksspeck, gewürfelt
- 60 g Frischkäse, möglichst Doppelrahmstufe
- 50 g Sahne
- 1 TL Speisestärke

6–7 STD 30 MIN

oder

3–3,5 STD 30 MIN

1. Alle Zutaten von Hühnerbrustfilet bis Brühe in den Slowcooker-Einsatz geben, die Hälfte des Specks dazugeben. Auf Stufe LOW 6 bis 7 Stunden garen, auf HIGH sind es 3 bis 3,5 Stunden.

2. Währenddessen den Rest des Specks in einer Pfanne knusprig ausbraten, beiseitestellen.

3. Nach Ende der Garzeit den Frischkäse in die Suppe einrühren. Die Speisestärke in der Sahne auflösen und ebenfalls dazugeben. Weitere 30 Minuten auf HIGH erhitzen.

4. Die Suppe abschmecken und mit Speck bestreut servieren.

Goldene Maissuppe

Ingwer, Chili, Kurkuma: Wenn Sie die Gewürze reichlich dosieren, wärmt Sie diese leichte Suppe wunderbar von innen. Möchten Sie sie sättigender, können Sie Kartoffel- oder Süßkartoffelwürfel von Anfang an mitgaren. Was auch gut passt: Die letzten 15 Minuten Garnelen darin gar ziehen lassen.

 2–3 Portionen

 TOPFGRÖSSE 2,4 Liter

 VORBEREITUNGSZEIT 10 Minuten

Für die Suppe

- 1 TL Kokosöl
- 1 Zwiebel, fein gehackt
- 1 Knoblauchzehe, zerdrückt
- 1 Stück frischer Ingwer, knapp walnussgroß
- 1 Dose Mais, 425 ml
- 1 Dose Kokosmilch Light, 400 ml
- 200 ml Gemüsebrühe oder Wasser
- ½ rote Chilischote, gehackt
- ½ TL Kurkuma
- Salz, Pfeffer
- 1–2 TL Currypulver, mild oder scharf

Zum Garnieren

- 1 Limette
- glatte Petersilie, gehackt

8 STD  Low oder 4 STD  High

1. Das Kokosöl mit Zwiebel, Knoblauch und fein gewürfeltem Ingwer in ein Schüsselchen geben und in der Mikrowelle zwei Minuten andünsten, alternativ in einem Topf anschwitzen. In den Slowcooker geben.

2. Den Mais abgießen und ebenfalls in den Einsatz geben, ebenso Kokosmilch, Brühe und Chili. Mit Kurkuma, Salz, Pfeffer und wenig Curry abschmecken. Auf Stufe LOW etwa 8 Stunden, auf HIGH etwa 4 Stunden garen.

3. Die Suppe mit einem Pürierstab nach Wunsch mehr oder minder fein pürieren. Mit Limettensaft abschmecken, mit Limettenscheiben und gehackter Petersilie servieren.

Rouladensuppe

Mein Tipp, wenn die Suppe richtig sättigen soll: Geben Sie 15 Minuten vor Ende der Garzeit Spätzle oder Mini-Knödel hinzu, den Fertigteig dafür gibt's ja jeweils auch fertig zu kaufen.

TOPFGRÖSSE
3,5 Liter

VORBEREITUNGSZEIT
25 Minuten

1. Einen Esslöffel Öl in einer Pfanne hoch erhitzen und das Rindergeschnetzelte darin (portionsweise) kurz braun braten. In den Einsatz des Slowcookers geben.

2. Speck, Zwiebeln und Knoblauch im restlichen Öl in der Pfanne hellbraun rösten, dann das Mehl darüberstäuben und das Tomatenmark einrühren. Kurz durchbraten, dann in den Einsatz des Slowcookers füllen. Brühe, Senf und Gewürzgurke dazugeben und mit Salz und Pfeffer abschmecken.

3. Auf Stufe LOW etwa 6 bis 7 Stunden garen, auf HIGH sind es 3 bis 3,5. Vor dem Servieren die Sahne einrühren und (falls gewünscht) mit separat gekochten Nudeln als Suppeneinlage verfeinern.

Für die Suppe

- 2 EL Öl
- 800 g Rinderbraten, in schmalen Streifen
- 125 g durchwachsener Räucherspeck, in Würfeln
- 300 g Zwiebeln, in Würfeln
- 1 Knoblauchzehe, zerdrückt
- 25 g Mehl
- 40 g Tomatenmark
- 1,2 l Gemüsebrühe
- 1 EL Senf, mittelscharf oder scharf
- 100 g Gewürzgurke, in Würfeln
- Salz, Pfeffer
- 200 g Sahne

6–7 STD

oder

3–3,5 STD

Griechische Hühner-Nudelsuppe

Viele Küchen der Welt kennen Hühnersuppe mit Einlage – von der polnischen Variante mit breiten, handgeschnittenen Nudeln bis zur scharfen Thai-Version mit Kokosmilch und Glasnudeln. Die griechische Hühnersuppe gewinnt durch die kleinen Reisnudeln und einen ordentlichen Spitzer Zitronensaft.

 6 Portionen

 TOPFGRÖSSE 5,5 Liter

 VORBEREITUNGSZEIT 20 Minuten

Für die Suppe

- 2 EL Olivenöl
- 1 große Zwiebel, fein gehackt
- 2 Knoblauchzehen, fein gehackt
- 2 Hähnchenschenkel mit Rückenstück, ca. 600 g
- 1 große Lauchstange, in Ringen
- 4 Möhren, in Scheibchen
- 1 Lorbeerblatt
- 1 TL Pfefferkörner
- 3 TL Salz
- Saft von 1 Zitrone
- 2,5–3 l Wasser
- 200 g Kritharaki (reiskornförmige Nudeln)
- ½ Bund Petersilie, fein gehackt

1. Das Öl in einem Topf erhitzen, Zwiebel und Knoblauch darin glasig dünsten (oder die Mikrowelle dafür benutzen). In den Slowcooker geben und alle restlichen Zutaten (bis auf Kritharaki und Petersilie) dazugeben.

2. Auf Stufe LOW etwa 6 bis 7 Stunden garen, auf HIGH etwa 3 bis 3,5, bis das Fleisch ganz weich ist, die Hähnchenschenkel herausnehmen.

3. Die Kritharaki in die Suppe geben, auf HIGH weitere 30 bis 35 Minuten garen. Währenddessen die Haut vom Huhn entfernen, das Fleisch vom Knochen schneiden und mundgerecht zerteilen. Mit der Petersilie zurück in die Suppe geben und sofort servieren.

6–7 STD  Low + 30 MIN   High

oder

3–3,5 STD  High + 30 MIN   High

Dippelappes

Dieser würzige Kartoffelauflauf ist eine saarländische Spezialität. Ein grüner Salat passt gut dazu.

 4 Portionen

 TOPFGRÖSSE
3,5 Liter

 VORBEREITUNGSZEIT
30 Minuten

Für die Suppe

- 2 EL Öl
- 1 kg mehlig kochende Kartoffeln, geschält
- 2 Eier
- Salz, Pfeffer
- Muskat
- 125 g geräucherter Speck, gewürfelt
- 1 Stange Lauch, 200 g, in Ringen
- 2 Schalotten, gewürfelt
- ½ Bund Petersilie, gehackt

5–6 STD  Low

oder

2,5–3 STD  High

1. Mit einem Esslöffel Öl den Einsatz des Slowcookers ausfetten, mit zwei Streifen Backpapier über Kreuz auskleiden.

2. Die Kartoffeln fein reiben (evtl. Raspel der Küchenmaschine) und in einem Tuch gut auspressen. Die Eier dazugeben und mit Salz, Pfeffer und Muskat kräftig würzen.

3. Das restliche Öl in einem Topf erhitzen und darin Speck, Lauch und Schalotten glasig dünsten. Zur Kartoffelmasse geben, die Petersilie untermischen und alles in den Slowcooker streichen. Auf Stufe HIGH 2,5 bis 3 Stunden garen, auf LOW sind es 5 bis 6 Stunden. Den Auflauf in Stücke schneiden und mit dem Backpapier aus dem Topf heben.

Gebackene Kartoffeln mit Käsecreme

4 Portionen

TOPFGRÖSSE
3,5 Liter

VORBEREITUNGSZEIT
10 Minuten

Für die Kartoffeln

- 4 große Backkartoffeln, mehlig oder vorwiegend festkochend
- 1 EL Öl

Für die Käsecreme

- 125 g Frischkäse
- 200 g saure Sahne
- 150 g + 50 g Cheddar, gerieben
- 2 Frühlingszwiebeln, fein gehackt
- Salz und frisch gemahlener Pfeffer

1. Die Kartoffeln mehrfach mit einem Messer (Gabel oder Nadel) einstechen, leicht einölen und in den Slowcooker legen, einige Esslöffel Wasser dazugeben. Die Kartoffeln dürfen nicht übereinander liegen, sonst garen sie ungleichmäßig. Den Deckel aufsetzen und auf Stufe HIGH 4 bis 5 Stunden garen (je nach Größe der Kartoffeln). Ruhig etwas mehr Zeit einplanen – die Kartoffeln lassen sich wunderbar auf Stufe WARM warmhalten.

2. Für die Käsecreme Frischkäse, saure Sahne, 150 g Cheddar, Frühlingszwiebeln, Salz und Pfeffer verrühren, abschmecken und kalt stellen.

3. Die Kartoffeln aus dem Slowcooker nehmen und etwas auseinander drücken. Je einen guten Esslöffel Käsecreme daraufgeben, den restlichen Käse aufstreuen. Die Kartoffeln sofort servieren oder als Beilage zu Steaks auf dem Grill warm halten.

Zwiebeln mit Käsefüllung

Zwiebeln schmecken nicht beißend und scharf, wenn man sie mit einer Käsefüllung im Slowcooker schonend und lange schmurgelt. Sie passen heiß oder lauwarm gut als Beilage zu Gegrilltem.

 4 Portionen

 TOPFGRÖSSE 3,5 Liter

 VORBEREITUNGSZEIT 20 Minuten

Für die Suppe

- 4 große süße Zwiebeln, ersatzweise Gemüsezwiebeln
- 75 g Frischkäse
- 100 g Blauschimmelkäse
- 2 EL Paniermehl
- Pfeffer
- 4 EL Cheddar oder Parmesan, gerieben
- 150 ml Brühe
- evtl. Saucenbinder

7–8 STD  Low oder 3,5–4 STD  High

1. Die Zwiebeln pellen, unten den Strunk etwas kürzen, oben einen Deckel abschneiden. Mit einem Kugelausstecher für Melonen oder einem scharfen Messer das Innere aushöhlen, dabei zwei oder drei Zwiebelschichten stehen lassen. Etwa 20 g Zwiebel feinst reiben, den Rest des Inneren beiseitestellen und anderweitig verwenden.

2. Den Frischkäse mit zerkrümeltem Blauschimmelkäse, Paniermehl und der geriebenen Zwiebel vermengen, mit Pfeffer abschmecken. Die Zwiebeln damit füllen, den geriebenen Käse aufstreuen und in den Einsatz des Slowcookers setzen. Die Brühe angießen.

3. Auf LOW 7 bis 8 Stunden garen, auf HIGH sind es 3,5 bis 4 Stunden. Wer Sauce dazu möchte (beispielsweise für Salzkartoffeln), kann den Zwiebelsud mit Saucenbinder andicken.

Barbecue-Bohnen

Das ist eine typisch amerikanische Beilage zu Gegrilltem oder kurz gebratenem Fleisch. Das Einweichen in Salzwasser verhindert das Weichwerden der Bohnen übrigens nicht, säurehaltige Zutaten sollten aber erst später dazu gegeben werden.

8 Portionen

TOPFGRÖSSE
3,5 Liter

EINWEICHZEIT
12 Stunden

Für die Bohnen

- 500 g getrocknete Wachtel- oder Kidney-Bohnen
- Salz
- 100 g geräucherter Speck, gewürfelt
- 1 große Zwiebel, gewürfelt
- evtl. Chilipulver nach Geschmack
- ½ Paprikaschote, fein gehackt
- 2 Knoblauchzehen, zerdrückt
- 400 ml Gemüsebrühe
- 400 ml Wasser

Zum Fertigstellen

- 200 ml Ketchup
- 2 EL Ahornsirup
- 1 EL Apfelessig
- 1 TL Senf
- 1 EL BBQ-Gewürz oder -Rub nach Geschmack
- Salz, Pfeffer

1. Die Bohnen in reichlich kräftig gesalzenem Wasser mindestens 1 Nacht einweichen lassen, abgießen und abtropfen lassen. In den Einsatz des Slowcookers geben.

2. Die Speckwürfel in einem separaten Topf bei milder Hitze braten, bis etwas Fett austritt, dann die Zwiebelwürfel dazugeben und glasig schwitzen. Die restlichen Zutaten für den Bohnentopf dazugeben, aufkochen lassen und auf die Bohnen gießen. Den Deckel aufsetzen und 3 bis 4 Stunden auf HIGH (LOW reicht oft nicht) garen, bis die Bohnen fast weich sind.

3. Falls die Bohnen sehr suppig sind, 1 bis 2 Tassen Flüssigkeit entnehmen. Die restlichen Zutaten von Ketchup bis BBQ-Gewürz zugeben. Mit Salz und Pfeffer abschmecken. Eine weitere Stunde auf HIGH schmoren lassen, dabei den Deckel mit einem Kochlöffelstiel etwas geöffnet halten.

Porree-Tarte

Diese herzhafte Porree-Tarte ist schnell vorbereitet und reicht als Vorspeise für 4 oder als Abendessen für 2 Personen. Statt Porree können Sie auch andere Gemüse oder Gemüsemischungen nehmen, auch Tiefgekühltes. Dieses gefroren kurz mit dem Brät andünsten.

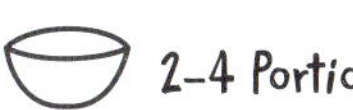

VORBEREITUNGSZEIT
15 Minuten

Für die Tarte

- 4–5 Scheiben Vollkorntoast
- 1 TL Öl
- etwas Butter
- 200 g grobe Bratwurst
- 300 g Porree, in Ringen

Für den Guss

- 3 Eier
- 75 ml Milch
- 75 g Käse, gerieben
- 1 TL süßer oder milder Senf
- Salz, Pfeffer

1. Einen Bogen Backpapier zerknüllen, wieder entfalten und den Einsatz des Slowcookers damit auslegen. Die Toastscheiben diagonal halbieren, leicht buttern und mit der gebutterten Seite nach unten den Einsatz damit auskleiden.

2. Das Öl in einer Pfanne erhitzen, die Bratwurstmasse aus dem Darm drücken und im Öl krümelig braten, den Porree dazugeben. Alles kurz dünsten, bis der Porree etwas weich ist, auf dem Toastbrotboden verteilen.

3. Alle Zutaten für den Guss verquirlen und abschmecken. Auf die Porree-Brät-Masse geben, glatt streichen. Auf Stufe HIGH etwa 2 bis 2,5 Stunden garen, auf LOW sind es 4 bis 5. Mit dem Backpapier aus dem Einsatz nehmen und sofort servieren.

4–5 STD

oder

2–2,5 STD

Kochkäse

Kochkäse ist eine Odenwälder Spezialität – ein würziger Aufstrich, der kalt auf Graubrot schmeckt, aber auch warm als Sauce über Schnitzel oder Bratkartoffeln.

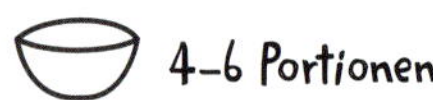

- 100 g Harzer Käse, würfeln
- 50 g Butter
- 100 g Sahne
- 125 g Speisequark, Fettgehalt 20 oder 40 %
- ¼ TL Zwiebelgranulat oder ½ TL feinst geriebene Zwiebel
- ½ TL Natron
- evtl. Kümmel

1–1,5 STD

1. Die Harzer-Käse-Würfel zusammen mit Butter und Sahne in den Einsatz des Slowcookers geben.

2. Auf Stufe LOW etwa 1 bis 1,5 Stunden garen, dabei alle halbe Stunde rühren, bis alles geschmolzen ist und sich die Masse zu einer glatten Paste verbunden hat.

3. Speisequark und Zwiebelgranulat dazugeben, gründlich vermischen, dann das Natron einrühren – Vorsicht, die Masse schäumt etwas und steigt hoch! Alles noch 5 Minuten erhitzen, dann sofort in sterilisierte Gläser abfüllen, nach Wunsch mit Kümmel bestreuen und verschließen. Im Kühlschrank aufbewahrt, hält sich der Käse ungefähr 2 Wochen.

Hauptgerichte mit Geflügel

Mit Hähnchen

Mit Ente, Gans und Pute

Honig-Senf-Hähnchenschenkel

Die Sauce ist mildwürzig, und trotz des scharfen Senfes nicht zu pikant. Gut dazu passen Kroketten und Salzkartoffeln.

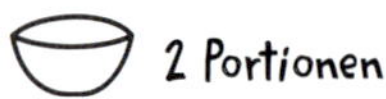

- 1 EL Öl
- 4 Hähnchen-Unterschenkel
- Salz, Pfeffer
- 4 Frühlingszwiebeln, in breiten Ringen
- 150 ml Geflügelbrühe
- 2 EL scharfer Senf
- 2 EL heller Honig
- 50 g Schmand
- 100 g Erbsen (TK oder Konserve)
- 1 EL heller Saucenbinder oder angerührte Stärke

1. Das Öl in einer Pfanne hoch erhitzen und die Hähnchenschenkel darin auf beiden Seiten kurz braun anbraten. Salzen und pfeffern, in den Einsatz des Slowcookers geben, die Zwiebeln darüberstreuen.

2. Geflügelbrühe mit Senf und Honig verrühren, über das Fleisch gießen. Den Deckel aufsetzen und auf Stufe LOW etwa 5 bis 6 Stunden garen, auf HIGH etwa 2,5 bis 3.

3. Die Hähnchenkeulen herausnehmen und warm stellen. Erbsen, Schmand und Saucenbinder einrühren und weitere 15 Minuten auf HIGH erhitzen. Die Sauce abschmecken und zum Fleisch servieren.

Tipp

Wer noch weniger Arbeit haben möchte, entfernt die Haut der Keulen (sie ist sonst zu weich) und gibt das Fleisch ohne Anbraten in die Sauce. Die Garzeit verlängert sich dann um 1 Stunde LOW oder 30 Minuten HIGH.

Entenbrust mit Orangensauce

4 Portionen

TOPFGRÖSSE
3,5 Liter

VORBEREITUNGSZEIT
25 Minuten

- 1 EL Öl
- 1 Zwiebel, fein gehackt
- 1 Knoblauchzehe, zerdrückt
- 1 Möhre, gehackt
- 1 Stange Staudensellerie, gehackt
- 1 Stange Lauch, gehackt
- 1 TL Senf
- 2 Bio-Orangen, ausgepresst
- 400 ml Enten- oder Geflügelbrühe
- Salz und Pfeffer
- 2 Zweige Thymian
- 4 Entenbrüste, je 200–250 g
- 1–2 EL Orangenmarmelade
- evtl. angerührte Speisestärke zum Andicken

5 STD

Low

oder

2,5–3 STD

High

1. Das Öl in einem Bräter oder Topf erhitzen und Zwiebel und Knoblauch darin mittelbraun anrösten. Das gehackte Gemüse dazugeben und ebenfalls anschwitzen, bis es etwas weich wird. Senf, Orangensaft und Brühe angießen und alles aufkochen, salzen und pfeffern. In den Einsatz des Slowcookers füllen, den Thymian einlegen und den Topf auf LOW stellen.

2. Die Entenbrüste trocken tupfen und die Haut mit einem scharfen Messer kreuzförmig einritzen. Salzen, pfeffern und von beiden Seiten im Bräter oder Topf scharf anbraten. Mit der Hautseite nach oben in den Gemüsesud legen.

3. Auf LOW etwa 5 Stunden garen, auf HIGH sind es gut 2,5 bis 3. Das Fleisch entnehmen und warm stellen. Den Sud entfetten (auf der Brühe schwimmendes Fett mit einem Löffel abnehmen) und pürieren. Die Orangenmarmelade hinzugeben und mit Salz und Pfeffer abschmecken. Nach Wunsch mit angerührter Speisestärke andicken, in dem Fall den Topf nochmals 15 Minuten auf HIGH stellen.

Pollo Cacciatore – Hähnchenschmortopf mit Pilzen

Foto auf dem Umschlag vorne

Cacciatore steht in der italienischen Küche für Schmorgerichte mit Knoblauch, Tomatensauce und Wein, je nach Region und Jahreszeit auch mit Pilzen. Dieses Rezept funktioniert im Slowcooker bestens – mit Huhn oder angebratenen Kaninchenteilen, die brauchen etwa genauso lange.

VORBEREITUNGSZEIT
25 Minuten

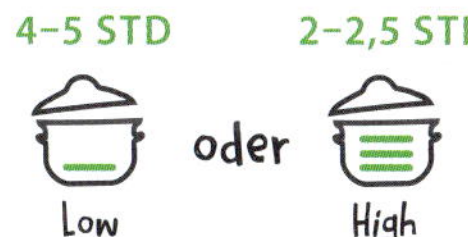

» 100 g Frühstücksspeck, gewürfelt
» 1 große Zwiebel, in Ringen
» 2 Knoblauchzehen, zerdrückt
» 400 g frische Champignons, in Scheiben
» 50 g Tomatenmark
» 100 ml Rotwein
» 1 gelbe oder rote Paprikaschote
» 100 g geröstete, eingelegte Paprika aus dem Glas
» 250 ml passierte Tomaten (Tetra-Pak)
» 1 EL Balsamico-Essig
» 2 TL Kapern aus dem Glas
» ½ TL Oregano
» 2 Zweige Thymian
» 1 Zweig Rosmarin
» Salz und Pfeffer
» 1 kg Hähnchenbrust oder entbeinte Hähnchenschenkel
» 3–4 EL entsteinte grüne und schwarze Oliven, in Scheiben

1. Den Speck mit Zwiebel und Knoblauch in einem Bräter oder Topf kurz bei mittlerer Hitze anbraten, bis das Fett beginnt auszutreten. Die Pilzscheiben dazugeben und alles so lange braten, bis die Flüssigkeit von den Pilzen komplett verdampft ist. Das Tomatenmark kurz mitrösten und den Wein angießen. Alles durchrühren und in den Slowcooker geben.

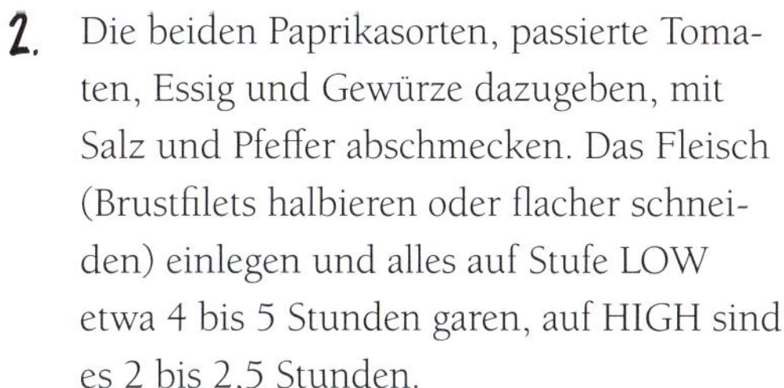

2. Die beiden Paprikasorten, passierte Tomaten, Essig und Gewürze dazugeben, mit Salz und Pfeffer abschmecken. Das Fleisch (Brustfilets halbieren oder flacher schneiden) einlegen und alles auf Stufe LOW etwa 4 bis 5 Stunden garen, auf HIGH sind es 2 bis 2,5 Stunden.

3. Zum Servieren die Kräuterzweige entnehmen, die Oliven einrühren und das Schmorgericht zu Bandnudeln, Baguette oder Polenta servieren.

BBQ Chicken Wings

Chicken Wings in würziger BBQ-Sauce mit Raucharoma sind ein preisgünstiges Familienessen und fast jeder mag es. Den Schritt des Überkrustens würde ich nach dem Slowcooking nicht auslassen, die Flügelchen sehen sonst blass aus.

4 Portionen

TOPFGRÖSSE
3,5 Liter

VORBEREITUNGSZEIT
5 Minuten

- 50 ml Honig
- 200 ml BBQ-Sauce, bevorzugt eine rauchige
- 1 EL Zitronensaft
- 1 Knoblauchzehe, zerdrückt
- Tabasco oder Chilipulver, nach Geschmack
- 1,2 kg Hühnerflügel (ohne die Spitzen, diese z. B. für die Hühnersuppe auf S. 20 oder 26 verwenden)

4–5 STD

Low

oder

2–3 STD

High

1. Alle Zutaten von Honig bis Tabasco für die Sauce verrühren. Die Hühnchenflügel in der Hälfte der Sauce wenden und in den Slowcooker-Einsatz geben. Etwa 2 bis 3 Stunden auf HIGH garen, auf LOW sind es 4 bis 5. Das Fleisch sollten jetzt schön weich sein.

2. Anschließend das Fleisch auf ein mit Backpapier ausgelegtes Backblech geben, mit der restlichen Sauce bepinseln und unter dem Backofengrill bei 220 °C kurz bräunen – oder für einige Minuten auf den Grill legen.

Tipp

Zu Chicken Wings schmecken Pommes und Krautsalat am besten. Wer die Sauce gut scharf gewürzt hat, kann als Dip milde Sour Cream reichen.

Hähnchenschenkel mit Honig-Knoblauch-Sauce

Dieses Hühnchengericht schmeckt wie »vom Chinesen« und ist dabei supereinfach zuzubereiten. Ohne Soja- und Chilisauce geht es allerdings nicht. Bei uns gibt es meist kurz gegartes Gemüse dazu – Brokkoli, Paprika, Möhren, entweder einzeln oder alles zusammen kurz dünsten oder im Wok schwenken.

4 Portionen

- 800 g Hähnchen-Oberschenkel, ohne Haut und ohne Knochen
- 70 ml salzige Sojasauce
- 70 ml heller Honig
- 30 g Tomatenmark
- 1–2 TL scharfe Chilisauce oder -paste, z. B. Sriracha oder Sambal Oelek
- 2–3 Knoblauchzehen, zerdrückt
- 1 EL Essig, möglichst Reisessig (der ist milder als Obstessig)
- 1–2 gehäufte TL Speisestärke
- Sesamsaat

5-6 STD | 2,5-3 STD

oder

1. Die Fleischstücke auf den Boden des Slowcookers legen. Die Zutaten von Sojasauce bis Essig in einem Messbecher verquirlen, auf das Hähnchen gießen. Auf LOW etwa 5 bis 6, auf HIGH 2,5 bis 3 Stunden garen. Das Fleisch sollte jetzt weich sein und sich gut zerpflücken lassen.

2. Das Fleisch entnehmen, die Speisestärke in etwas Wasser anrühren und in den Sud rühren, Topf auf HIGH stellen, bis es etwas andickt. In der Zwischenzeit das Fleisch mundgerecht zerzupfen und zurück in die Sauce geben.

3. Mit Sesam bestreuen und auf Reis servieren.

Ich finde, entbeintes Hähnchenschenkelfleisch (gibt es oft beim türkischen Metzger) macht dieses Gericht saftiger als Hähnchenbrust. Verwenden Sie letztere, übergaren Sie sie nicht.

BBQ-Hähnchenbrust mit Speck und Käse

Dieses selbst gemachte Fast Food aus dem Slowcooker kommt bei meiner Familie supergut an – dazu schmecken Pommes und frischer Salat.

4 Portionen

TOPFGRÖSSE
3,5 Liter

VORBEREITUNGSZEIT
5 Minuten

- 1 Gemüsezwiebel, in Ringen
- 4 Hühnerbrustfilets ohne Haut und Knochen
- 250 ml BBQ-Sauce nach Geschmack
- 8 Scheiben Frühstücksspeck
- 4 Scheiben Raclettekäse oder Cheddar

5–6 STD Low + 30 MIN High

oder

2,5–3 STD High + 30 MIN High

1. Die Zwiebel auf den Boden des Slowcookereinsatzes legen, darauf die Fleischstücke geben. Mit der BBQ-Sauce bedecken.
2. Den Deckel aufsetzen und auf Stufe LOW (bevorzugt) 5 bis 6 Stunden garen, auf HIGH sind es 2,5 bis 3.
3. Den Speck knusprig braten und auf jedes Filet zwei Scheiben legen, darüber je eine Käsescheibe. Entweder 30 Minuten auf HIGH weiter garen, bis der Käse geschmolzen ist oder kurz unter dem Ofengrill überbacken.

Gänsekeulen mit pikanter Gemüsesauce

Foto auf Seite 6

- » 4 Gänsekeulen, je 500 g
- » Salz, Pfeffer
- » 2 EL Öl
- » 3 Zwiebeln, gehackt
- » 2 Möhren, gehackt
- » 150 g Knollensellerie, gehackt
- » 2 Äpfel, geschält, in Schnitzen
- » 100 g Tomatenmark
- » 200 ml Weißwein oder Orangensaft
- » 500 ml Gemüsebrühe
- » 1 TL Pfefferkörner
- » 1 TL Wacholderbeeren
- » 5 Nelken
- » 1 Lorbeerblatt
- » 2 EL Sojasauce
- » evtl. dunkler Saucenbinder oder 1 EL Mehl, in Wasser angerührt

1. Die Gänsekeulen in den Einsatz des Slowcookers legen, salzen und pfeffern.

2. Das Öl in einem separaten Topf erhitzen, das gehackte Gemüse und die Apfelschnitze darin kräftig braun anbraten, das Tomatenmark einrühren und kurz weiter rösten. Wein (oder Saft) und Brühe angießen, salzen, pfeffern und über die Gänsekeulen geben. Die Gewürze in eine Kaffeefiltertüte geben, zubinden und in den Sud legen.

3. Den Deckel aufsetzen. Auf Stufe LOW etwa 7 bis 9, auf HIGH etwa 3,5 bis 4,5 Stunden garen, bis das Fleisch schön weich ist.

4. Den Backofen auf 180 °C Ober-/Unterhitze vorheizen. Das ausgetretene Fett mit einer Saucenkelle vom Sud abnehmen, beiseitestellen. Die Keulen herausnehmen, auf den Backofenrost legen und mit etwas von dem abgenommenen Fett bestreichen.

5. Den Rost in die Mitte des Backofens schieben. Ein Backblech mit Backpapier daruntersetzen, um Fett aufzufangen. Die Keulen etwa 10 bis 15 Minuten kross baten, dabei nochmals mit Fett bepinseln.

6. Das Gewürzsäckchen aus dem Sud nehmen. Die Flüssigkeit mit den Gemüsen nochmals entfetten und in einen normalen Topf umfüllen. Pürieren und etwas einkochen lassen, nach Wunsch andicken.

Pulled Chicken auf Salat

Wenn man Pulled Chicken mit etwas Rohkost auf Salatblättern serviert, hat man ein wunderbar leichtes Essen und spart Kohlenhydrate. Typisch amerikanisch ist die Kombination von scharfer Sauce und Blauschimmelkäse.

Für das Hühnchen

» 2 Stangen Staudensellerie, in Scheibchen geschnitten
» 1 Zwiebel, in dünnen Halbringen
» 1 Knoblauchzehe, zerdrückt
» 600 g Hühnerbrustfilet oder entbeinte Hähnchenschenkel ohne Haut
» Salz, Pfeffer
» 2 EL Paprikamark, Ajvar oder Tomatenmark
» 1–2 TL Tabasco
» 50 ml Hühnerbrühe

Für den Salat

» 2 kleine Romana-Salate
» 4 kleine Möhren, geraffelt
» 100 g Blauschimmelkäse, in Würfeln

6–7 STD

oder

3–3,5 STD

1. Sellerie, Zwiebel und Knoblauch auf den Boden des Slowcooker-Einsatzes legen, das Fleisch auflegen und leicht salzen und pfeffern. Die restlichen Zutaten daraufgeben. Auf Stufe LOW etwa 6 bis 7 Stunden garen, auf HIGH 3 bis 3,5 Stunden, bis das Fleisch ganz weich ist.

2. Das Fleisch mit zwei Gabeln in der Sauce zerzupfen, den Slowcooker auf »Warmhalten« stellen.

3. Den Salat in einzelne Blätter zerzupfen, waschen und trocknen. Jeweils etwas geraffelte Möhre daraufgeben, dann mit der Fleisch-Gemüse-Mischung belegen und mit Käsewürfeln bestreuen. Sofort servieren.

Puten-Süßkartoffel-
Hackbraten

Auch im Fleischpart lässt sich Gemüse unterbringen. Das Ergebnis ist supersaftig und würzig. Dazu passen Kartoffelecken.

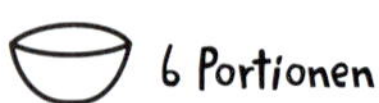
6 Portionen

TOPFGRÖSSE
3,5 Liter

VORBEREITUNGSZEIT
20 Minuten

Für den Hackbraten

» 1 EL Olivenöl
» 250 g Süßkartoffel, geschält, auf der Gemüsereibe gerieben
» 1 Zwiebel, in feinsten Würfeln
» 1 Knoblauchzehe, zerdrückt
» 1 kg Putenhack
» 2 Eier, Größe S
» 50 g Paniermehl
» 3 EL BBQ-Sauce nach Geschmack
» Salz, Pfeffer
» 1–2 TL Paprikapulver
» Kreuzkümmel nach Geschmack
» 250 ml Hühner- oder Gemüsebrühe

Zum Fertigstellen

» 3 EL BBQ-Sauce
» 50 g Cheddar, gerieben
» evtl. 1 EL Saucenbinder

6 STD

Low

oder

3 STD

High

1. Das Olivenöl in einer Pfanne erhitzen und Süßkartoffelraspel, Zwiebel und Knoblauch darin etwa fünf Minuten weich dünsten, beiseitestellen.

2. Das Hack mit Eiern, Paniermehl und BBQ-Sauce vermischen (nicht zu lange durcharbeiten) und die angebratenen Gemüseraspel dazugeben. Kräftig mit den Gewürzen abschmecken, zum Laib formen und in den Einsatz des Slowcookers geben, die Brühe angießen.

3. Den Deckel aufsetzen und auf Stufe HIGH etwa 3 Stunden garen, auf LOW sind es etwa 6. Nach dem Garen sollte die Kerntemperatur 80 bis 85 °C betragen. Um dies zu prüfen, stechen Sie das Fleischthermometer an der dicksten Stelle des Bratens ein.

4. Den Braten aus dem Sud heben, mit der BBQ-Sauce bestreichen, mit Käse bestreuen und unter dem vorgeheizten Ofengrill 5 Minuten braun grillen.

5. Währenddessen das Fett vom Sud abnehmen, den Sud pürieren und entweder einkochen oder mit Saucenbinder andicken.

DELICIOUS

Hauptgerichte mit Rind, Kalb und Lamm

Mit Rind

Mit Kalb

Mit Lamm

Westfälischer Sauerbraten

Der Klassiker gelingt im Slowcooker bestens: Das Rindfleisch ist butterzart, die Sauce mit Pumpernickel, Rübenkraut und Rosinen wunderbar aromatisch.

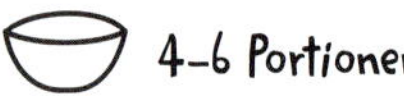

TOPFGRÖSSE
3,5 Liter

MARINIERZEIT
2–6 Tage

6–7 STD

oder

3–3,5 STD

Für den Einlegesud

- » 1 TL Wacholderbeeren
- » 4 Nelken
- » 10 Pfefferkörner
- » 750 ml Rotwein
- » 200 ml roter Aceto Balsamico
- » 1 rote Zwiebel, gehackt
- » 1 Knoblauchzehe

Für den Braten

- » 1,2–1,4 kg Bug, Semerrolle (Teil des Schwanzstücks) oder Tafelspitz
- » 2 EL Öl
- » 2 Möhren, fein gehackt
- » 2 Zwiebeln, fein gehackt
- » 150 g Knollensellerie, fein gehackt
- » 50 g Tomatenmark
- » 400 ml Rinderbrühe (oder Wasser)

Für die Sauce

- » 50 g Rosinen
- » 2 Scheiben Pumpernickel
- » 2–3 EL Rübenkraut
- » evtl. mit Wasser angerührtes Mehl

1. Für die Marinade Wacholderbeeren, Nelken und Pfefferkörner in ein Gewürzsäckchen (oder in eine Filtertüte) geben und zubinden. In einem Topf Rotwein, Essig, Gewürze und Zwiebeln aufkochen, dann wieder abkühlen lassen. Die Marinade in eine verschließbare (Plastik-)Schüssel geben, den Braten einlegen und in den Kühlschrank stellen, je nach gewünschter Säure für 2 bis 6 Tage ziehen lassen, täglich wenden.

2. Am Zubereitungstag den Braten aus der Marinade nehmen, gut abtupfen, salzen und pfeffern. Die Marinade durch ein Sieb gießen und beiseitestellen.

3. Das Öl in einem Bräter hoch erhitzen und das Fleisch kurz rundum anbraten, in den Einsatz des Slowcookers legen, den Deckel aufsetzen und auf LOW stellen.

4. Im Bräter Möhren, Zwiebeln und Sellerie kräftig anrösten. Das Tomatenmark kurz mitbraten, dann mit der beiseite gestellten Marinade ablöschen, je nach gewünschter Säure zwischen 100 und 400 ml verwenden.

5. Die Gemüse-Marinade-Mischung auf den Braten gießen, ebenso die Rinderbrühe. Auf Stufe LOW (bevorzugt) etwa 6 bis 7 Stunden garen, bis das Fleisch weich ist. Auf HIGH sind es 3 bis 3,5 Std. Zwischenzeitlich die Rosinen in heißem Wasser einweichen.

6. Zur Fertigstellung den Braten aus der Sauce nehmen, in Scheiben schneiden und warm stellen, zum Beispiel auf einer Platte bei 80 °C im Backofen (mit Alufolie abdecken).

7. Eventuelles Fett mit einer Saucenkelle von der Sauce nehmen. Den Pumpernickel hineinbröseln, das Rübenkraut einrühren. Mit einem Pürierstab die Sauce ganz glatt quirlen und mit Salz und Pfeffer abschmecken, die abgetropften Rosinen einrühren. Eventuell mit in Wasser angerührtem Mehl andicken. Den Braten mit etwas Sauce überziehen und servieren.

Gefüllte Hackroulade

Hackbraten ist langweilige Hausmannskost? Hausmannskost vielleicht, aber bestimmt nicht langweilig, wenn man ihn mit Spinat und Käse füllt und in Speck wickelt! Wir mögen am liebsten Kartoffelpüree dazu, aber auch Kroketten passen gut.

6 Portionen

TOPFGRÖSSE
6,5 Liter

VORBEREITUNGSZEIT
30 Minuten

- » 1 EL Öl
- » 1 große Zwiebel, gehackt
- » 1 Knoblauchzehe, zerdrückt
- » 350 g TK-Blattspinat, aufgetaut und abgetropft
- » 1 kg Rinderhack
- » 2 Eier, Größe S
- » 100 g altes, helles Brot, in Wasser eingeweicht und ausgedrückt
- » Salz, Pfeffer
- » ½ TL Kreuzkümmel
- » 1–2 TL Paprikapulver
- » 100 g Frühstücksspeck
- » 100 g Cheddar, gerieben
- » 100 ml Wasser oder Instantbrühe

6–7 STD

Low

oder

3–3,5 STD

High

1. Das Öl erhitzen, Zwiebel und Knoblauch darin gut glasig dünsten. Den Spinat zugeben, alles erhitzen und mit Salz und Pfeffer würzen, beiseitestellen.

2. Rinderhack, Eier, eingeweichtes Brot und Gewürze zu einem kräftig abgeschmeckten Fleischteig verarbeiten, beiseitestellen.

3. Ein Blatt Backpapier ausbreiten, darauf den Speck zu einem Quadrat von ca. 30 x 30 cm auslegen. Die Hackmasse etwa 1 bis 2 cm dick darauf verstreichen. Den Spinat darauf verteilen, dann den Käse aufstreuen. Alles mit Hilfe des Backpapiers zu einer Roulade rollen. Die Enden verschließen, indem man das Hackfleisch zusammendrückt.

4. Die Rolle in den Einsatz des Slowcookers setzen, mit Wasser oder Instantbrühe angießen. Auf Stufe LOW etwa 6 bis 7 Stunden garen, auf HIGH sind es 3 bis 3,5 Stunden. Am besten die Kerntemperatur messen, indem man ein Fleischthermometer in die Mitte des Bratens sticht: Es sollte 75 bis 80 °C zeigen, dann ist der Braten durchgegart und schön saftig.

Balsamico-Rinderbraten

Foto auf Seite 15

Für einen 2-Personen-Haushalt habe ich diesen köstlichen Braten im 2,4-l-Topf zubereitet. Aber scheuen Sie sich nicht, die Mengen zu vervielfachen und größere Slowcooker zu nehmen: Die Sauce ist grandios, das Fleisch butterzart. Als Beilage passt ein Kürbis-Kartoffel-Püree.

- 2 EL Olivenöl
- 600 g Rinderbraten
- Salz, Pfeffer
- 2 Zwiebeln, in Scheiben
- 1 Knoblauchzehe, zerdrückt
- 1 Möhre, in feinen Würfeln
- 1 gehäufter EL Tomatenmark
- 100 ml Rotwein
- 250 ml Rinderbrühe
- 2 EL dunkler Balsamico-Essig
- Thymianblättchen von 4 frischen Zweigen
- Saucenbinder nach Geschmack

6–8 STD

oder

3–4 STD

1. Das Öl in einen Bräter geben und erhitzen. Den Braten salzen und pfeffern und im heißen Öl von beiden Seiten schön braun anbraten, in den Slowcooker-Einsatz legen.

2. Im Bratfett auch Zwiebeln, Knoblauch und Möhre braun rösten, zum Ende das Tomatenmark zugeben und ebenfalls kurz anrösten. Mit Rotwein ablöschen, die Brühe angießen, alles kurz aufkochen und mit Salz und Pfeffer abschmecken. Balsamico und Thymianblättchen einrühren, über den Braten gießen.

3. Bevorzugt auf Stufe LOW etwa 6 bis 8 Stunden garen, bis das Fleisch weich ist. Das Fleisch herausnehmen, den Sud abgießen und pürieren, nach Wunsch andicken (mit Mehlbutter oder Saucenbinder).

Die Garzeit bei Rinderbraten kann ganz erheblich variieren, auf LOW von 6 bis zu 10 Stunden. Prüfen Sie den Garzustand, indem Sie nach der Mindestgarzeit mit einer dünnen Nadel oder einem spitzen Messer hineinstechen – das sollte ganz leicht gehen.

Döner-Geschnetzeltes

Foto auf Seite 124

Ein feines Familiengericht, das auch Kinder gerne mögen: Döner-Geschnetzeltes ist unkompliziert vorzubereiten und preiswerter, wenn Sie statt Kalbfleisch mageres Rind verwenden. Dazu passt Reis.

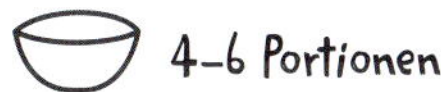

TOPFGRÖSSE
3,5 Liter

VORBEREITUNGSZEIT
15 Minuten

1. Das Kalbgeschnetzelte mit dem Döner-Gewürz vermischen und in den Einsatz des Slowcookers geben. Möhren und Zwiebeln daruntermischen.

2. Die Rinderbrühe mit Paprikamark und Ketchup verquirlen und über Fleisch und Gemüse geben. Auf Stufe HIGH etwa 3 bis 3,5 Stunden garen, auf LOW sind es 6 bis 7.

3. Schmand und Mehl verquirlen und zum Geschnetzelten geben, die Paprikawürfelchen einrühren. Weitere 30 Minuten auf HIGH garen.

Für das Fleisch

- 1 kg Kalbsgeschnetzeltes
- 1–3 EL Döner-Gewürz
- 200 g Möhren, in Scheibchen
- 150 g Zwiebeln, in feinen Halbringen
- 400 ml Rinderbrühe oder Knochenbrühe
- 100 g Paprikamark oder Ayvar, mild oder scharf
- 50 g Tomatenketchup

Zum Fertigstellen

- 200 g Schmand
- 1 EL Mehl
- 1 Paprikaschote, in feinen Würfeln

6–7 STD Low + 30 MIN High oder 3–3,5 STD High + 30 MIN High

Kubanisches Pulled Beef

„Ropa Vieja«, die kubanische Variante von Pulled Beef, ist mildwürzig und sehr saftig. Dazu passen Bohnen und Reis.

 3–4 Portionen

 TOPFGRÖSSE 2,4 Liter

 VORBEREITUNGSZEIT 20 Minuten

- » 2 EL Öl
- » 700 g Rinderbraten
- » Salz, Pfeffer
- » 1 Zwiebel, in dünnen Halbringen
- » 1 Möhre, in Scheiben
- » 2–4 Knoblauchzehen, in Stiften
- » 1 Paprikaschote, rot, in Streifen
- » 2 EL Weißwein
- » 500 ml passierte Tomaten (Tetra-Pak)
- » ½ TL gemahlener Kreuzkümmel
- » ½ TL getrockneter Oregano
- » 1 Lorbeerblatt

Zum Fertigstellen

- » 1 Bio-Limette
- » 50 g grüne Oliven, in Scheibchen

10–11 STD  Low oder 5–6 STD  High

1. Einen Esslöffel Öl im Bräter erhitzen, den Braten salzen, pfeffern und bei hoher Hitze kurz von allen Seiten anbräunen, in den Einsatz des Slowcookers legen.

2. Im restlichen Öl auch Zwiebel, Möhre und Knoblauch anrösten, Paprika und Weißwein dazugeben. Mit den Tomaten ablöschen, die Gewürzen zugeben und abschmecken. Die Tomaten-Gemüse-Mischung auf das Fleisch geben.

3. Den Deckel schließen und auf Stufe HIGH 5 bis 6 Stunden (auf LOW sind es mindestens 10 Stunden) garen, bis sich das Fleisch mit zwei Gabeln ganz leicht in Fasern zerzupfen lässt.

4. Die Limette halbieren, eine Hälfte in dünner Scheiben schneiden, die andere Hälfte auspressen. Zum Servieren 1 EL Limettensaft zur Sauce geben, die Oliven einrühren und das Pulled Beef mit Limettenscheiben servieren.

Tipp

Eventuelle Reste schmecken auch auf Hamburgerbrötchen und lassen sich gut einfrieren.

Hot Dogs mit Chilisauce

Ein würziges Chili ohne Bohnen ist in New York ein typisches Topping für Hot Dogs. Wer das Chili ohne Wurst und auf deutsche Art anrichten möchte, bereitet im größeren Topf gleich die doppelte Menge zu und gibt eine gewürfelte Paprikaschote und eine Dose Mais von Anfang an dazu. Das schmeckt dann auch über Nudeln oder Reis.

8 Stück

TOPFGRÖSSE
2,0 Liter

VORBEREITUNGSZEIT
15 Minuten

Für die Sauce

- 1 EL Öl
- 500 g Rinderhack
- 1 große Zwiebel, in Würfeln
- 500 g passierte Tomaten (Tetra-Pak)
- 1 Knoblauchzehe, zerdrückt
- 1 TL Chilipulver (nach Geschmack auch mehr oder weniger)
- 1 TL gemahlener Kreuzkümmel
- ½ TL Senf
- Salz, Pfeffer
- 8 Hot-Dog-Würstchen

Zum Servieren

- 8 Hot-Dog-Brötchen, gekauft oder selbst gebacken
- Cheddarkäse, gerieben
- Zwiebeln, gehackt
- eingelegte Gurken, gehackt
- Relish nach Wunsch

1. Das Öl in einer großen Pfanne erhitzen und Hack und Zwiebel darin einige Minuten krümelig braten, bis nichts mehr rosa ist. In den Einsatz des Slowcookers geben.

2. Passierte Tomaten und Knoblauch zugeben, verrühren und alles kräftig mit Chili, Kreuzkümmel, Senf, Salz und Pfeffer abschmecken. Die Würstchen darauflegen und 3 bis 4 Stunden auf Stufe LOW garen.

3. Die Würstchen mit der Sauce auf durchgeschnittene, angewärmte Hot Dog Buns geben und mit den weiteren Toppings servieren.

3–4 STD

Low

NICHT EMPFOHLEN

High

DELICIOUS

Westernpfanne

Dieses deftige Gericht hat sich bei uns in Nullkommanix zu einem Familienfavoriten entwickelt. Es funktioniert am besten, wenn die Zutaten nicht zu hoch geschichtet werden.

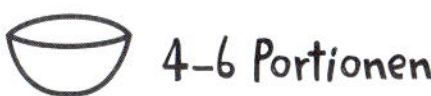
4–6 Portionen

TOPFGRÖSSE
3,5 Liter (Auflauf, rechteckig) oder 4,5–5,5 Liter (oval)

VORBEREITUNGSZEIT
20 Minuten

» 1 EL Öl
» 500 g Rinder- oder Veggiehack
» 1 Zwiebel, fein gehackt
» Salz, Pfeffer
» 1 Knoblauchzehe, zerdrückt
» 800 g mehlig kochende Kartoffeln
» 2 EL Öl
» Chilipulver nach Geschmack
» 1 Dose rote Bohnen, 400 g, abgegossen
» 1 Dose gehackte Tomaten, 400 g
» 100 g Cheddar, gerieben

1. Das Öl in einer großen Pfanne erhitzen und das Hack mit Zwiebel, Salz, Pfeffer und Knoblauch krümelig braten, in den Einsatz des Slowcookers geben.

2. Die Kartoffeln waschen und ungeschält würfeln, ca. 1,5 x 1,5 cm. Die Würfel in einer Schüssel mit dem Öl mischen und mit weiterem Salz und Pfeffer sowie optional Chilipulver würzen – kräftig, sonst wird der Auflauf später zu flau!

3. Kartoffeln und Bohnen über das Hackfleisch geben, alles leicht untereinander heben. Die Tomaten obenauf verteilen, ebenfalls leicht salzen und den Deckel aufsetzen. Auf Stufe HIGH etwa 3,5 Stunden garen, auf LOW sind es etwa sieben. Zuletzt den Käse aufstreuen und weitere 30 Minuten auf HIGH garen.

7 STD Low + 30 MIN High oder 3,5 STD High + 30 MIN High

Türkische Kohlpfanne

Dieser aromatische Eintopf, den man nach Wahl mild oder scharf abschmecken kann, passt wunderbar zur Low-Carb-Ernährung.

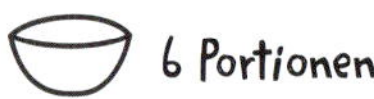

VORBEREITUNGSZEIT
20 Minuten

- 1 EL Öl
- 400 g Rinderhack
- 2 Zwiebeln, gehackt
- 2 Knoblauchzehen, zerdrückt
- Salz, Pfeffer
- 700 g Weißkohl, ohne Strunk, in Streifen
- 1 l Rinder- oder Gemüsebrühe
- 100 g Tomatenmark
- 2 EL mildes Paprikamark oder Ayvar
- evtl. ½ TL Pul Biber (türkische scharfe Paprikaflocken) – oder Chilipulver nach Geschmack

Zum Servieren

- glatte Petersilie, gehackt
- Naturjoghurt und/oder Brot

1. Das Öl in einer Pfanne erhitzen und darin das Hack mit Zwiebeln und Knoblauch krümelig braten. Mit Salz und Pfeffer abschmecken.

2. Das Fleisch in den Slowcooker-Einsatz geben, das Kraut dazugeben und gut mischen. Die Brühe mit Tomaten- und Paprikamark verrühren und abschmecken (nach Wunsch milder oder schärfer) und zum Fleisch geben.

3. Den Deckel aufsetzen und auf Stufe HIGH 3 bis 3,5 Stunden garen, auf LOW sind es 6 bis 7 Stunden. Mit Petersilie bestreuen und mit Joghurt und Brot servieren.

6–7 STD

oder

3–3,5 STD

Rindergulasch mit viel Gemüse

Foto auf Seite 121

Dieser deftige All-in-one-Topf machte ehemals hungrige schottische Minenarbeiter satt. Zu diesem Gericht passen Brot, Kartoffeln oder Kartoffelpüree.

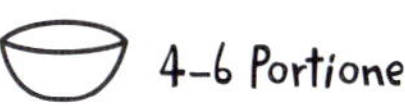

TOPFGRÖSSE

VORBEREITUNGSZEIT
25 Minuten

1. Das Öl in einem Bräter heiß werden lassen, Zwiebel und Knoblauch darin bei hoher Hitze hellbraun rösten. Das Fleisch mit dem Mehl bestäuben, dazugeben und anbraten, bis es etwas gebräunt ist.

2. In den Einsatz des Slowcookers geben, ebenfalls die restlichen Zutaten einfüllen, durchrühren und mit Salz und Pfeffer abschmecken. Auf Stufe HIGH etwa 4 bis 4,5 Stunden garen, auf LOW 8 bis 9.

- 3 EL Öl
- 1 Zwiebel, gewürfelt
- 1 Knoblauchzehe, zerdrückt
- 1 kg Rindergulasch, in 2 cm großen Würfeln
- 40 g Mehl
- 300 g Möhren, in ca. 5 mm dünnen Scheiben
- 300 g Pastinaken, in ca. 5 mm dünnen Scheiben
- 250 g Champignons, geviertelt
- 100 g Tomatenmark
- 200 ml Rotwein
- 500 ml Rinderbrühe
- Salz, Pfeffer

8–9 STD

oder

4–4,5 STD

Schmortopf mit Lamm

Dieser traditionelle Schmortopf mit Lamm und Gemüse wird in Georgien über offenem Feuer geschmort. Im Slowcooker funktioniert er auch wunderbar.

6 Portionen

TOPFGRÖSSE
3,5 Liter

VORBEREITUNGSZEIT
30 Minuten

- » 1 Aubergine, in 1,5 cm dicke Scheiben geschnitten und die geviertelt
- » Salz
- » 2 EL Olivenöl
- » 500 g Kartoffeln, geschält, in 2 mm dünnen Scheiben
- » 1 rote Zwiebel, in dünnen Ringen
- » 1 weiße Zwiebel, in dünnen Ringen
- » Pfeffer
- » 600 g Lammgulasch, mittelgroße Würfel
- » 2 Knoblauchzehen
- » Salz, Pfeffer
- » ½ Bund glatte Petersilie, grob gehackt
- » 1 TL getrocknete Basilikumblättchen oder 10–12 frische Basilikumblätter, in Streifen
- » 2 rote Paprikaschoten, in Streifen
- » 500 g passierte Tomaten (Tetra-Pak)
- » 2–3 Tomaten, in Scheiben

7–8 STD

Low

oder

3,5–4 STD

High

1. Die Aubergine in ein Sieb geben und salzen, etwa 15 Minuten Wasser ziehen lassen.

2. Den Slowcooker-Einsatz mit 1 EL Öl einfetten, die Hälfte der Kartoffeln einlegen, darauf die Zwiebelringe und darauf die restlichen Kartoffeln verteilen – dabei jede Lage salzen und pfeffern. Die abgetupften Auberginen darauflegen. Den Deckel aufsetzen und den Slowcooker auf HIGH stellen.

3. Das restliche Öl in einem Bräter erhitzen und die Lammfleischwürfel kurz bei sehr hoher Hitze mit dem Knoblauch anbraten. Mit Salz und Pfeffer würzen, auf das Gemüse geben, mit Petersilie und Basilikum bestreuen, die Paprikastreifen darauflegen, die passierten Tomaten angießen und mit einer Lage Tomaten abschließen. Nochmals mit Salz und Pfeffer würzen. Auf HIGH etwa 3,5 bis 4 Stunden garen, auf LOW sind es 7 bis 8. Mit Brot servieren.

Hauptgerichte mit Schwein

Sauerkrautroulade Bavaria

Hier werden zarte Schweinerouladen mit Sauerkraut gefüllt und in einer wunderbaren Biersauce geschmort. Dazu passen Kartoffel- oder Semmelknödel.

4 Portionen

TOPFGRÖSSE
3,5 Liter

VORBEREITUNGSZEIT
30 Minuten

Für die Rouladen

- 4 große Schweinerouladen
- Salz, Pfeffer
- 4 TL süßer Senf
- 8 Scheiben Frühstücksspeck
- 50 g Möhre, fein gerieben
- 1 kleine Zwiebel, fein gerieben
- 125 g Sauerkraut, abgespült und gut ausgedrückt
- 2 EL Öl

Für die Sauce

- 1 Zwiebel, fein gehackt
- 250 ml Brühe
- 150 ml Bier
- 1 EL Senf
- Salz, Pfeffer, Kümmel
- 1 Prise Zucker
- 1 EL Mehl, angerührt mit 5 EL Sahne

1. Die Rouladen ausbreiten, mit Salz und Pfeffer würzen, mit Senf bestreichen und jeweils zwei Scheiben Frühstücksspeck auflegen.

2. Für die Füllung Möhre, Zwiebel und Sauerkraut vermengen und leicht mit Salz und Pfeffer würzen. Die Masse auf den Rouladen verteilen. Jede Roulade erst an den Seiten leicht einklappen, dann zusammenrollen.

3. Das Öl in einem Bräter hoch erhitzen und die Rouladen darin von zwei Seiten anbraten – erst auf der Nahtseite (so ziehen sie sich zusammen und fallen nicht auseinander), dann umdrehen. Mit der Naht nach unten in den Einsatz des Slowcookers legen.

4. Für die Sauce die gehackte Zwiebel im Bratfett kurz braun braten, Brühe, Bier und Senf dazugeben. Alles aufkochen und mit Salz, Pfeffer, Kümmel und Zucker abschmecken. Über die Rouladen gießen.

5. Auf Stufe LOW etwa 6 bis 7 Stunden (je nach Größe der Rouladen) garen, auf HIGH sind es 3 bis 3,5. Zum Ende der Garzeit das angerührte Mehl in die Sauce rühren und nochmal 15 Minuten auf HIGH stellen.

Würziges Reisfleisch mit Paprika

Reisfleisch ist ein sehr leckeres One-Pot-Gericht aus der Balkanküche.

- » 2 EL Schmalz oder Öl
- » 2 große Zwiebeln, in Würfeln
- » 1 Knoblauchzehe, zerdrückt
- » 500 g Schweinenacken, in 2 cm großen Würfeln
- » 50 g Tomatenmark
- » 1 EL Paprika edelsüß, 10 g
- » ¼ TL Kümmel
- » 100 ml Rotwein
- » 900 ml Brühe
- » Salz, Pfeffer
- » 2 rote Paprikaschoten, in feinen Würfeln
- » 350 g Parboiled Langkornreis
- » ½ Bund Petersilie, gehackt

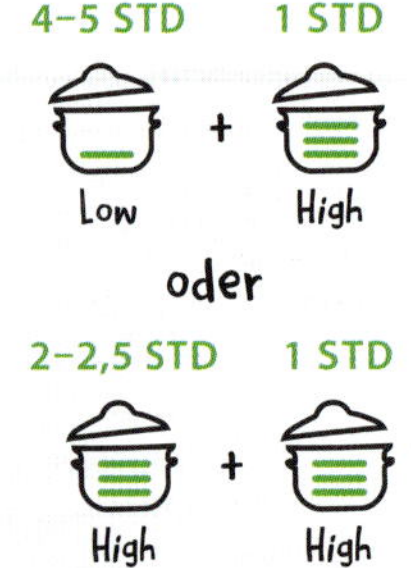

1. Das Fett in einem Bräter erhitzen, Zwiebeln und Knoblauch darin bei mittlerer Hitze zehn Minuten glasig dünsten. Die Hitze erhöhen und die Fleischwürfel etwa fünf Minuten mitbraten, bis alles etwas braun ist. Tomatenmark, Paprika und Kümmel kurz mitrösten, dann Wein und Brühe angießen, einmal kurz aufkochen und mit Salz und Pfeffer abschmecken.

2. Alles in den Slowcooker geben, den Deckel aufsetzen und auf Stufe HIGH 2 bis 2,5 Stunden, auf LOW 4 bis 5 Stunden garen, bis das Fleisch fast weich ist.

3. Dann Paprikawürfel und Reis unterrühren und eine weitere Stunde auf HIGH garen. Mit viel gehackter Petersilie servieren.

Tipp Verwenden Sie nur Parboiled-Reis für dieses Rezept, andere Reissorten verkleben zu sehr.

Glasierter Schinken

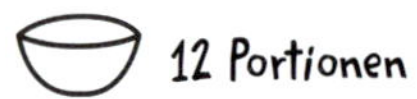

Zum Marinieren

- 1,6 kg Schweinenuss
- 50 g Pökelsalz (gibt es beim Metzger)
- 2 TL brauner Zucker
- ½ TL Pfeffer
- je ¼ TL Zimt und Kardamom
- Chilipulver nach Geschmack

Zum Fertigstellen

- 200 ml Brühe
- 100 ml Apfelsaft
- 12–16 Nelken
- 30 g Zucker
- 1 EL Öl
- 50 g heller Honig
- 1 EL scharfer Senf
- Nelke

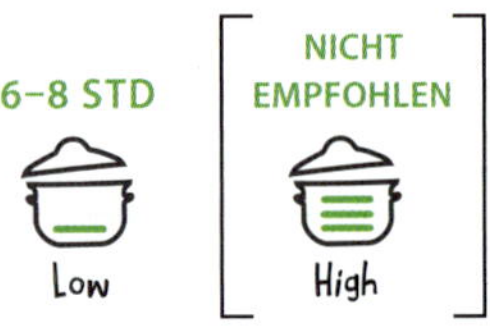

1. Den Schweinebraten trocken tupfen und mit Pökelsalz, Zucker und den Gewürzen einreiben. In eine verschließbare Plastikschüssel geben und in den Kühlschrank stellen. Täglich wenden und mindestens zwei bis drei Tage (mild gepökelt), maximal sieben Tage (salziger) marinieren lassen.

2. Nach der Marinierzeit den Braten abwaschen und trocken tupfen. Das Fleischstück in den Slowcooker-Einsatz setzen, Brühe und Apfelsaft angießen.

3. Den Braten auf Stufe LOW etwa 6 bis 8 Stunden garen, bis die Kerntemperatur 68 bis 70 °C beträgt – dann ist der Pökelschinken durchgegart und schön saftig.

4. Den Backofen auf 200 °C vorheizen. Ist die Kerntemperatur im Fleisch erreicht, den Braten herausnehmen, auf ein Backblech legen, die Nelken in die Oberfläche stecken. Zucker, Öl, Honig und Senf verrühren und den Braten damit einpinseln. Im Ofen oder unter dem Oberhitzegrill kurz hellbraun braten.

5. Den Schinken aus dem Ofen nehmen, mit Alufolie bedecken und vor dem Anschneiden 20 Minuten ruhen lassen, damit sich der Saft gut verteilen kann. Zum Servieren in dünne Scheiben schneiden und mit Kartoffelpüree und Gemüse servieren.

Tipp

Sie können beim Metzger auch Kassler oder Prager Schinken kaufen, dann ersparen Sie sich das Pökeln und starten bei Schritt 2.

Bubble Pizza

Natürlich ist dieses Zupfbrot auch in rund 20 Minuten im Backofen fertig. Im Slowcooker kann man es aber gut vorbereiten und später mit einer Zeitschaltuhr anstellen. Da es hier um Teig und Gemüse geht, nicht halbrohes Fleisch, gibt es kein Problem mit der Lebensmittelhygiene.

 2–3 Portionen

 TOPFGRÖSSE
3,5 Liter

 VORBEREITUNGSZEIT
10 Minuten

- 1 Rolle Aufbackbrötchen, gekühlter Frischteig, 400 g
- 8 EL Tomatensauce, alternativ verdünntes Tomatenmark
- ½ rote Paprikaschote, fein gewürfelt
- 8 große Scheiben Salami, ca. 100 g, in Streifen geschnitten
- 100 g geriebener Käse, z. B. Mozzarella, Cheddar oder Gouda

1. Einen Bogen Backpapier zerknüllen, wieder entfalten und auf den Boden und an den Rand des Slowcooker-Einsatzes legen.
2. Die Brötchen aus der Packung nehmen und jedes vierteln. Die Stücke auf den Boden des Slowcooker-Einsatzes legen. Die Tomatensauce darauf verteilen, Paprika und Salami aufstreuen, mit geriebenem Käse bedecken.
3. Auf Stufe HIGH (LOW nicht empfohlen, da wird der Rand nicht braun) etwa 2 bis 2,5 Stunden garen. Sofort servieren.

NICHT EMPFOHLEN

2–2,5 STD

Genau wie bei Pizza lässt sich das Topping abwandeln. Gut als Belag schmecken auch Kochschinken, Tunfisch aus der Dose, Mais und Frühlingszwiebeln.

Vegetarische Hauptgerichte

Tipp Die Tomaten sind so lecker, dass ich immer gleich die doppelte bis dreifache Menge auf das Blech packe. Sie schmecken auch als Antipasti, auf Pasta und auf Brot.

Polenta mit Schmortomaten

Warum Polenta im Slowcooker zubereiten, wenn man dieses köstliche italienische Gericht auch da rühren muss? Nun, man muss es genau viermal rühren – verglichen mit 30 Minuten Dauerrühren auf dem Herd. Ich setze Polenta an, stelle mir die Eieruhr, um stündlich zu rühren und schiebe in der letzten Stunde die Tomaten mit in den Ofen. Das macht wenig Arbeit und ist sooo lecker!

 4 Portionen

 TOPFGRÖSSE
3,5 Liter

 VORBEREITUNGSZEIT
10 Minuten

Für die Polenta

» 500 ml Milch
» 500 ml Gemüsebrühe
» 200 g Polenta (Maisgrieß)
» Salz, Pfeffer
» 100 g Parmesan, frisch gerieben
» 1 EL Butter

Für die Schmortomaten

» 1 kg kleine Strauchtomaten, evtl. am Zweig
» 4 Knoblauchzehen, in Scheiben
» 4 Zweige Rosmarin
» 4 Zweige Thymian
» 4 EL Olivenöl

1. Milch, Brühe und Polenta in den Einsatz des Slowcookers geben, leicht mit Salz und Pfeffer würzen. Den Deckel aufsetzen und auf Stufe LOW (HIGH nicht empfohlen) 3 bis 4 Stunden garen. Dabei stündlich rühren.

2. Die Hälfte des Parmesans und die Butter einrühren, abschmecken, den Deckel aufsetzen und – falls vorhanden – auf Stufe WARM stellen.

3. Für die Schmortomaten den Backofen auf 180 °C Ober-/Unterhitze vorheizen. Etwa 30 Minuten vor Ende der Garzeit der Polenta die Tomaten mit Knoblauch und Kräuterzweigen auf ein mit Backpapier ausgelegtes Backblech legen und mit Öl beträufeln. 30 bis 35 Minuten garen, zwischendurch einmal mit dem Öl vom Blech bestreichen.

4. Die Polenta auf Teller geben, die heißen Tomaten mit etwas von der ausgetretenen Flüssigkeit darauf verteilen und mit dem restlichen Parmesan bestreuen.

3–4 STD

NICHT EMPFOHLEN

Kürbis-Chili

Schön würzig und gemüsig: Dieses vegetarische Chili mit Kürbis symbolisiert für mich herbstlichen Genuss. Die Würze können Sie eigenen Vorlieben anpassen – ich habe es eher mild abgeschmeckt, weil wir es so lieber mögen. Servieren Sie das Chili mit saurer Sahne, Käse, gehacktem Koriander oder Tortillachips.

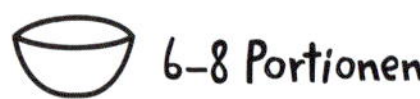

- » 500 g Butternuss-Kürbis, geschält, in Würfeln
- » 1 rote Paprikaschote, gehackt
- » 1 grüne Paprikaschote, gehackt
- » 1 Dose Kidneybohnen, 250 g Abtropfgewicht
- » 1 Dose weiße Bohnen, 250 g Abtropfgewicht
- » 1 Zwiebel, fein gehackt
- » 2 Knoblauchzehen, zerdrückt
- » 1 Chilischote, fein gewürfelt (Menge nach Wunsch)
- » 2 Dosen gehackte Tomaten (je 425 ml)
- » 400 ml Gemüsebrühe
- » 50 g Tomatenmark
- » 1 TL Zucker
- » 1 TL Kreuzkümmelpulver
- » Salz, Pfeffer,
- » je 1 TL Paprikapulver und Oregano

7–8 STD

oder

3,5–4 STD

1. Alle Gemüsesorten von Kürbis bis Chilischote in den Slowcooker-Einsatz geben.
2. Gehackte Tomaten, Gemüsebrühe und Tomatenmark gut verrühren, mit den Gewürzen abschmecken und über das Gemüse gießen.
3. Auf Stufe HIGH etwa 3,5 bis 4, auf LOW etwa 7 Stunden garen.

Griechische Ofen-Auberginen ohne Ofen

Dieses Gemüsegericht kommt bei uns im Sommer ganz oft auf den Tisch, denn es schmeckt heiß, lauwarm und selbst noch kalt, zum Beispiel zu frischem Baguette. Wer einen rechteckigen Auflauf-Slowcooker besitzt, kann darin gut gleich die dreifache Menge garen – in anderen Töpfen sollte man das Gemüse nicht zu hoch schichten, es wird dann sehr suppig.

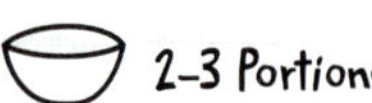

VORBEREITUNGSZEIT
15 Minuten

Für die Aubergine

- 1 große Aubergine, in 1 cm dicken Scheiben
- 2–3 Fleischtomaten, in 5 mm dicken Scheiben
- 1 rote Zwiebel, in hauchdünnen Scheiben
- 50 g eingelegte Tomaten in Öl, in Streifen
- Salz, Pfeffer
- 4 EL Olivenöl
- 1 Knoblauchzehe, zerdrückt
- ½ TL Oregano

Zum Servieren

- 1 TL Zitronensaft
- 100 g Feta, zerbröselt
- glatte Petersilie, gehackt

7–8 STD

oder

3,5–4 STD

1. Die Aubergine abwechselnd mit Tomaten- und Zwiebelscheiben in den Einsatz des Slowcookers legen, so dass sich alles etwas überlappt. Die eingelegten Tomaten darüber streuen, salzen und pfeffern. Das Öl mit Knoblauch und Oregano verrühren und darauf träufeln.

2. Den Deckel schließen, auf Stufe HIGH 3,5 bis 4, auf LOW 7 bis 8 Stunden garen.

3. Das Gemüse lauwarm oder kalt servieren, mit Zitronensaft beträufeln und mit Feta und Petersilie bestreuen.

Kürbis-Shakshuka

Foto auf Seite 4

Shakshuka (nur mit Tomaten und Paprika zubereitet) ist in Israel ein Frühstücksgericht. Wir essen die Version mit viel gesundem und kalorienarmen Kürbis gerne als Abendessen – wer mag, serviert noch Brot dazu.

- 200 g rote Paprikaschote, in Streifen
- 1 Zwiebel, in dünnen Halbringen
- 500–600 g Butternut- oder Muskatkürbis, geschält, in 1 cm-Würfeln
- 1 Dose gehackte Tomaten, 400 g
- 50 g Tomatenmark
- 50 ml Wasser
- 2 Knoblauchzehen, zerdrückt
- evtl. 1 Chilischote, gehackt
- Salz, Pfeffer
- ½ TL Oregano
- ½ TL Kreuzkümmel
- 1 TL Paprikapulver, mild oder scharf
- 4 Eier
- glatte Petersilie, gehackt
- 100 g Feta, zerkrümelt

1. Paprika, Zwiebel und Kürbis in den Einsatz des Slowcookers geben. Tomaten, Tomatenmark, Wasser, Knoblauch und Chilischote verrühren, zugeben und nach eigener Vorliebe mit den Gewürzen abschmecken. Gut durchmischen.

2. Den Deckel aufsetzen und auf Stufe HIGH etwa 4,5 bis 5, LOW 9 bis 10 Stunden garen, bis der Kürbis ganz weich ist.

3. Vier Vertiefungen in die Gemüsemasse drücken und jeweils ein Ei hineinschlagen. Auf Stufe HIGH etwa 15 bis 30 Minuten garen, bis das Ei teilweise oder ganz gestockt ist. Mit gehackter Petersilie und Feta servieren.

9–10 STD

+

15–30 MIN

oder

4,5–5 STD High + **15–30 MIN** High

Griechischer Gemüsereis

Das ist ein tolles vegetarisches Hauptgericht oder eine gute Beilage zu Fisch oder Grillfleisch. Nur wenn man Parboiled Reis verwendet, bleibt der Reis schön körnig und pappt nicht zusammen.

 3 Portionen

 TOPFGRÖSSE
1,5, 2 oder 2,4 Liter

 VORBEREITUNGSZEIT
20 Minuten

- 2 EL Öl
- 175 g Parboiled Reis
- 1 Zwiebel, gehackt
- 1 Knoblauchzehe, zerdrückt
- 400 ml Hühnerbrühe
- 100 ml Wasser
- ½ TL getrockneter Oregano
- Salz und Pfeffer
- 1 rote Paprikaschote, in Würfeln
- 2 Lauchzwiebeln, gehackt
- 50 g schwarze Oliven, in Ringen
- 100 g Feta, zerkrümelt

1. Einen Esslöffel Öl erhitzen und den Reis darin bei mittlerer Hitze in einem separaten Topf anschwitzen, bis er hellbraun ist, in den Einsatz des Slowcookers geben.

2. Im restlichen Öl Zwiebel und Knoblauch sehr weich dünsten. Brühe und Wasser angießen und aufkochen. Auf den Reis geben, mit Oregano, Salz und Pfeffer würzen, die Paprikawürfel einrühren.

3. Den Deckel aufsetzen und 1,5 bis 2 Stunden auf HIGH garen, bis die Flüssigkeit weitgehend aufgesogen und der Reis weich ist. Lauchzwiebeln und Oliven einrühren.

4. Den Gemüsereis heiß oder lauwarm (wie in Griechenland) servieren, mit zerkrümeltem Feta garnieren.

NICHT EMPFOHLEN
Low

1,5–2 STD

High

Pasta in Tomaten-Feta-Sauce

Diese würzige One-Pot-Pasta funktioniert auch im Slowcooker bestens. Und Sie müssen nur dreimal rühren und können den Topf ansonsten beruhigt sich selbst überlassen.

TOPFGRÖSSE
3,5 Liter

VORBEREITUNGSZEIT
30 Minuten

- 400 g Kirschtomaten
- evtl. 30 g getrocknete Tomate, in Streifen
- 1 Knoblauchzehe, in Scheibchen
- 3 EL Olivenöl
- 1 TL getrocknete italienische Kräutermischung (oder Oregano, Basilikum, Thymian)
- Salz, Pfeffer
- Chilipulver nach Geschmack
- 200 g Feta, ca. 40 % Fettgehalt
- 250 g mittelgroße Nudeln, z.B. Hörnchen
- 400 ml Gemüse- oder Hühnerbrühe
- Basilikum zum Garnieren

1. Den Slowcooker-Einsatz auf HIGH etwa zehn Minuten vorheizen, währenddessen Kirschtomaten, getrocknete Tomaten, Knoblauch, Öl und Kräutermischung mischen und mit Salz, Pfeffer und Chili würzen. Den Feta in die Mitte des Slowcookers geben und die Tomatenmischung rundherum verteilen.

2. Den Deckel aufsetzen, auf Stufe HIGH (LOW nicht empfohlen) etwa 1,5 bis 2 Stunden garen, bis der Käse weich ist und die Tomaten zu platzen beginnen.

3. Nudeln und Brühe dazugeben und alles gut durchrühren. Den Deckel aufsetzen und weitere 30 bis 60 Minuten garen, bis die Nudeln die Flüssigkeit aufgesogen haben und gar sind. Am besten nach 30 Minuten erstmals prüfen, dann alle 10 Minuten.

4. Alles erneut glatt rühren und sofort mit Basilikum servieren.

NICHT EMPFOHLEN
Low

1,5–2 STD

+

0,5–1 STD

Tikka Masala mit Kichererbsen und Spinat

Sie können das Gericht auch nur mit 1–2 TL Garam Masala und 1–2 TL Currypulver würzen.

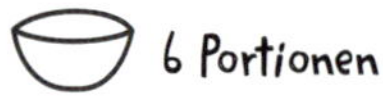

- » 500 g getrocknete Kichererbsen
- » 2 EL Kokosöl
- » 2 Zwiebeln, gehackt
- » 2 Knoblauchzehen, gehackt
- » 1 Stück Ingwer, walnussgroß, in Würfeln
- » 1 TL Senfsaat, ganz
- » 1 TL Kreuzkümmel, ganz
- » 1 TL Kurkumapulver
- » 1 TL Korianderpulver
- » ½ TL gemahlener Kardamom
- » ¼-1 TL Chilipulver, nach Geschmack
- » 300 ml Wasser
- » 400 ml Kokosmilch
- » 1 TL Salz
- » 300 ml passierte Tomaten (Tetra-Pak)
- » 250 g TK-Spinat, aufgetaut und sehr gut ausgedrückt
- » 6 EL frischer Koriander, gehackt
- » 6 EL Joghurt
- » Reis, Naanbrot oder Paratha-Flade

1. Die Kichererbsen mindestens 12 Stunden in reichlich kaltem Wasser einweichen, danach abgießen.

2. Das Kokosöl in einem Topf erhitzen und Zwiebeln, Knoblauch und Ingwer darin hellbraun anbraten. Die Gewürze (von Senfsaat bis Chilipulver) dazugeben und eine Minute weiterbraten. Wasser und Kokosmilch angießen und alles pürieren.

3. Den Saucenansatz in den Einsatz des Slowcookers geben, Kichererbsen und Salz einrühren. Auf Stufe HIGH 4 bis 5, auf LOW 8 bis 10 Stunden garen, bis die Kichererbsen weich sind.

4. Tomaten und Spinat einrühren und weitere 30 Minuten auf HIGH erhitzen. Eventuell mit weiterem Salz abschmecken. Das Curry mit Koriander, Joghurt und Beilage nach Wunsch servieren.

Tortellini mit Pilzen

Auch begeisterte Fleischesser mögen dieses Pastagericht mit der aromatischen Pilzsauce. Es macht wirklich ganz wenig Vorbereitungsarbeit.

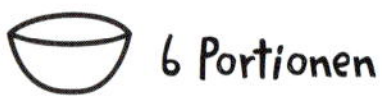

- » 1 Zwiebel, in dünnen Halbringen
- » 250 g Champignons, in dünnen Scheiben
- » Salz, Pfeffer
- » 1 Knoblauchzehe, zerdrückt
- » 1 EL Sojasauce
- » 400 ml Pilz- oder Gemüsebrühe (siehe Seite 112)
- » 75 g Schmand
- » 150 g geriebener Käse (z. B. Cheddar)
- » 100 g TK-Blattspinat, aufgetaut und ausgedrückt
- » 400 g Käse-Tortellini aus der Kühltheke
- » evtl. 1 EL Saucenbinder

1. Zwiebelringe und Pilzscheiben auf den Boden des Slowcooker-Einsatzes geben, salzen, pfeffern und Knoblauch dazu geben. Sojasauce und Brühe zugießen. Auf Stufe HIGH etwa 3,5, auf LOW etwa 7 Stunden garen.

2. Wenn die Pilze gar sind, Schmand und die Hälfte des geriebenen Käses in die Flüssigkeit geben und gut rühren, bis sich alles gelöst hat. Blattspinat und Tortellini zugeben, alles durchrühren und weitere 30 Minuten auf Stufe HIGH heiß werden lassen.

3. Falls gewünscht, mit Saucenbinder andicken und mit dem restlichen Käse servieren.

Linsen-Pilz-Bolognese

Diese Gericht ist sehr lecker und hat einen schönen Biss, quasi Fleischkonsistenz. Und auch auf Veggie-Hack können Sie verzichten, denn Pilze und rote Linsen liefern viel Eiweiß.

- » 2 kleine Zwiebeln, ca. 125 g
- » 2 Knoblauchzehen
- » 400 g Champignons
- » 2 EL Öl
- » 125 g Möhre, längs halbiert, in dünnen Scheibchen
- » 50 g Knollensellerie, fein gehackt
- » 100 g Tomatenmark
- » 500 g passierte Tomaten (Tetra-Pak)
- » 1 Dose gehackte Tomaten, 400 g
- » evtl. 1 Schuss Rotwein
- » 150 ml Gemüsebrühe
- » 1 TL italienische Kräutermischung
- » Salz, Pfeffer
- » 1 TL Zucker
- » 200 g rote Linsen

6 STD Low oder 3 STD High

1. Zwiebeln, Knoblauch und Pilze portionsweise in einen Zerhacker geben und bis zu einer Partikelgröße von ca. 5 mal 5 mm zerkleinern (ohne Zerhacker mit der Hand auf einem großen Schneidebrett hacken). Das Öl in einem Bräter oder Topf erhitzen und das zerkleinerte Gemüse darin bei hoher Hitze krümelig und etwas braun braten.

2. Möhre, Sellerie und Tomatenmark dazugeben und einige Minuten braten. Mit passierten und gehackten Tomaten, Rotwein und Brühe auffüllen, kräftig mit Salz, Pfeffer, Kräutermischung und Zucker abschmecken und in den Slowcooker umfüllen. Erst jetzt die Linsen einrühren.

3. Auf Stufe HIGH etwa 3, auf LOW ca. 6 Stunden garen. Über Spaghetti servieren und nach Wunsch geriebenen Käse dazu reichen.

Süßes als Dessert und Hauptspeise

Reisauflauf

Diese köstliche süße Speise wird in zwei Schritten im 3,5-l-Slowcooker zubereitet. Am besten schmeckt der Auflauf lauwarm mit etwas Fruchtkompott dazu. Oder man backt die Früchte gleich ein – zum Beispiel 100 g darüber gestreute Himbeeren.

4 Portionen

TOPFGRÖSSE
3,5 Liter

VORBEREITUNGSZEIT
20 Minuten

Für den Milchreis

- 125 g Rundkorn-Reis
- 500 ml Milch
- 1 Vanilleschote

Weitere Zutaten

- 50 g Rosinen
- 50 ml Apfelsaft
- 2 Eigelb
- 50 g Butter
- 50 g Zucker
- abgeriebene Schale einer ½ Bio-Zitrone
- 1 Prise Salz
- 2 Eiweiß

Zum Servieren

- Fruchtkompott

2,5 STD

+

2 STD

1. Die Zutaten für den Milchreis in den Slowcooker geben, verrühren und auf Stufe HIGH etwa 2,5 Stunden garen, zwischendurch idealerweise einmal umrühren.

2. Den fertigen Milchreis in eine Schüssel füllen, die Vanilleschote entfernen, die Schüssel abdecken und den Milchreis abkühlen lassen. Währenddessen den Slowcooker-Einsatz spülen und leicht mit Butter ausfetten.

3. Die Rosinen im Apfelsaft einweichen. Eigelb mit Butter, Zucker, Zitronenschale und Salz schaumig schlagen, den Milchreis unterziehen.

4. Das Eiweiß steif schlagen und vorsichtig mit den abgetropften Rosinen unter die Reismasse heben. In den gefetteten Einsatz streichen und auf Stufe LOW etwa 2 Stunden garen, bis der Auflauf gestockt ist und leicht braun am Rand wird. Lauwarm mit Fruchtkompott servieren.

Tipp

Für das Birnenkompott im 2,4 l Topf: 800 g geschälte Birnen in 1cm dicke Scheiben, 30 g braunen Zucker, 1 EL Zitronensaft, 60 ml Weißwein oder Apfelsaft, 1/2 TL Zimt, 5 g Speisestärke und evtl. ein wenig frischen Ingwer in den Slowcookereinsatz geben und 2 bis 2,5 Stunden auf HIGH (4 bis 5 Std. auf LOW) garen, bis die Früchte weich sind und der Sud angedickt ist.

Birnen in Ahornsirup

Diese Birnen in aromatischer Sauce sind ein tolles Winterdessert, Eis oder Schlagsahne passen gut dazu. Ich habe 3 Früchte im 2,4er Topf zubereitet, schauen Sie einfach, wie viele Birnen in Ihren Topf passen.

3 Portionen

TOPFGRÖSSE
2,4 Liter

VORBEREITUNGSZEIT
15 Minuten

- 3 Birnen, nicht zu weich
- 75 ml Ahornsirup
- 1 Bio-Orange, Saft ausgepresst, Schale abgerieben
- 1 EL Zitronensaft
- 1 Prise Ingwerpulver
- 1 Prise Zimtpulver
- evtl. 1–2 TL Speisestärke

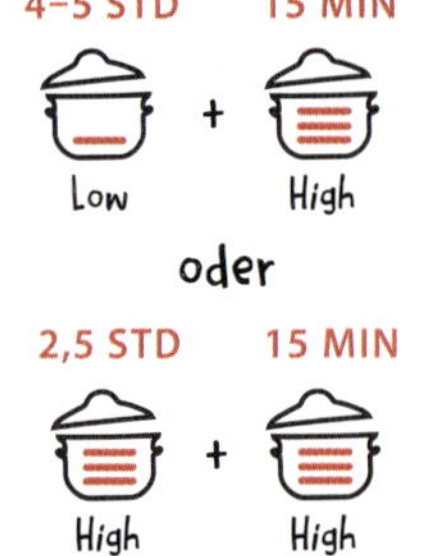

1. Die Birnen schälen und das Kerngehäuse von unten her ausstechen, die Früchte ansonsten aber ganz lassen.

2. Die Birnen nebeneinander in den Slowcooker stellen. Ahornsirup, Orangensaft und Gewürze verrühren und über die Birnen geben.

3. Auf Stufe HIGH etwa zwei bis 2,5, auf LOW 4 bis 5 Stunden garen.

4. Die Birnen herausnehmen. Nach Belieben die Sauce mit etwas in Wasser angerührter Speisestärke andicken und weitere 15 Minuten auf HIGH stellen. Alternativ den Sud in einem kleineren Topf bei großer Hitze auf dem Herd etwas einkochen lassen.

Quarkauflauf mit Kirschen & Kirschsauce

Foto auf Seite 119

In unserer Familie sind Süßspeisen sehr beliebt und wir essen sie auch als Hauptgericht – dann sind es vier Portionen. Als Dessert reicht das Rezept für sechs Portionen.

 4 Portionen

 TOPFGRÖSSE 3,5 Liter

 VORBEREITUNGSZEIT 20 Minuten

- » 1 EL Öl
- » 4 Eier, getrennt
- » 1 Glas Sauerkirschen, 350 g Abtropfgewicht
- » 100 g Zucker
- » 1 TL Vanilleextrakt oder -zucker
- » Schalenabrieb von ½ Bio-Zitrone
- » 60 g Weichweizengrieß
- » 500 g Quark, 20 % Fett in Trockenmasse
- » evtl. 50 ml Rotwein
- » Zucker oder Puderzucker nach Geschmack
- » 1 TL Speisestärke

1. Den Einsatz des Slowcookers leicht mit dem Öl ausstreichen. Das Eiweiß mit dem Mixer sehr steif schlagen, beiseitestellen. Die Kirschen in ein Sieb geben, abtropfen lassen und den Saft dabei auffangen.

2. Die vier Eigelb in einer weiteren Schüssel mit Zucker, Vanilleextrakt und Zitronenschale schaumig rühren. Grieß und Quark einrühren. Zum Schluss vorsichtig mit dem Schneebesen oder Spatel das Eiweiß unterheben, nicht zu kräftig durchrühren. Anschließend die Kirschen (einige dekorativ obenauf legen) unterheben.

3. Die Quarkmasse in den Einsatz geben und glatt streichen. Den Deckel aufsetzen und den Auflauf auf HIGH etwa 2 Stunden garen, bis er am Rand leicht braun wird und auch in der Mitte fest ist.

4. Den Kirschsaft (optional mit einem Schuss Rotwein) auf- und etwas einkochen. Mit Zucker abschmecken. Die Speisestärke in etwas Wasser anrühren und den Kirschsaft damit binden. Die Sauce heiß oder kalt zum Quarkauflauf servieren.

NICHT EMPFOHLEN

2 STD

Apfel-Zimt-Kuchen

Dieser Apfelkuchen ist ratzfatz gemacht und supersaftig. Beim Zimt nicht sparen – er darf ruhig gut herausschmecken.

- » 225 g Apfelmus (ungesüßt)
- » 65 g Butter, geschmolzen
- » 50 ml Milch
- » 1 TL Zitronensaft
- » 1 TL Vanilleessenz oder Vanillezucker
- » 1 Ei
- » 1 großer Apfel, grob geraspelt (200 g)
- » 200 g Mehl
- » 75 g brauner Zucker
- » 1 TL Backpulver
- » ½ TL Natron
- » 1–2 TL Zimt
- » 1 Prise Muskat
- » 1 Prise Nelkenpulver
- » 1 Prise Pimentpulver

1. Den Slowcooker fürs Kuchenbacken vorbereiten: Zwei Streifen Backpapier über Kreuz in den Einsatz legen, mit Backtrennspray einsprühen oder mit Öl einpinseln.

2. Die feuchten Zutaten (von Apfelmus bis Apfel) in einer großen Schüssel verrühren, die trockenen Zutaten (von Mehl bis zum Pimentpulver) in einer zweiten Schüssel vermischen. Die trockenen Zutaten zu den feuchten Zutaten geben und nur kurz rühren, bis sich alles vermischt hat.

3. Den Teig in den Slowcooker geben und glatt streichen. Ein gefaltetes Küchentuch zwischen Einsatz und Deckel legen.

4. Auf Stufe HIGH 1,5 bis 2 Stunden garen, bis der Teig auch in der Mitte fest ist. Ohne Deckel 10 Minuten abkühlen lassen und dann den Kuchen mit Hilfe der Papierstreifen auf ein Rost heben.

5. Mit Puderzucker und Zimt bestäuben und nach Wunsch mit einem Klecks Sahne servieren.

Honig-Sahne-Töpfchen

Verwenden Sie aromatischen, dunklen Waldhonig für dieses gestockte Dessert, es duftet dann herrlich danach. Messen Sie vorab aus, welche Förmchen und wie viele davon in Ihrem Slowcooker Platz finden. Die doppelte Menge der Zutaten passt übrigens bei mir gut in acht Förmchen in den 6,5er Topf.

 4–5 Portionen

 TOPFGRÖSSE 3,5 Liter

 VORBEREITUNGSZEIT 10 Minuten

- » 2 Eier
- » 200 g Sahne
- » 150 ml Milch
- » 50–60 ml flüssigen Honig
- » ½ TL Vanillezucker
- » Beeren zum Garnieren

1. Die Eier mit Sahne, Milch, Honig und Vanillezucker verrühren. Durch ein Sieb in 4 bis 5 kleine feuerfeste Gläschen (z. B. von Joghurts) oder in kleine Tassen geben. In den Einsatz des Slowcookers stellen.

2. Warmes (aber nicht kochendes Wasser) angießen, so dass die Förmchen zu zwei Dritteln im Wasser stehen. Den Slowcooker auf HIGH stellen, ein gefaltetes Küchentuch zwischen Deckel und Einsatz legen, damit keine Flüssigkeit auf die Förmchen tropft.

3. Etwa 1,5 bis 2 Stunden garen, bis die Creme fest geworden ist. Mit einer Zange aus dem Wasser nehmen und erkalten lassen (mindestens 1 Stunde). Mit frischen Beeren servieren.

Brühen & Saucen für das perfekte Aroma

Auf Knochenbasis

Vegetarisch

Knochenbrühe

Für Anhänger der Paleo-Diät ist Knochenbrühe quasi der heilige Gral gesunden Essens. Für mich ist Knochenbrühe einfach nur die beste (und günstigste) Grundlage für alle Risotti, Suppen, Saucen. Ach ja – viele Mineralien und Spurenelemente sind auch drin und sie ist sehr bekömmlich.

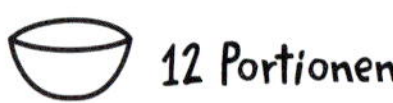

- » 2 kg Fleischknochen (Rind, Kalb, Huhn, Schwein)
- » 4 Möhren, grob gehackt
- » 1 Lauchstange, zerteilt
- » 2 Stangen Staudensellerie
- » 2 EL Apfelessig
- » 1 Lorbeerblatt
- » Salz

1. Den Backofen auf 180 °C Ober-/Unterhitze vorheizen. Die Knochen auf ein Backblech legen und insgesamt eine Stunde braun rösten, zwischendurch einmal wenden.

2. Die Knochen zusammen mit Möhren, Lauch, Sellerie, Apfelessig und Lorbeerblatt (noch nicht salzen!) in den Slowcooker-Einsatz geben, bis zwei Finger unter den Rand mit Wasser auffüllen. Auf Stufe LOW etwa 24 Stunden garen. Idealerweise sollte die Flüssigkeit 80 bis 90 °C erreichen, aber nicht köcheln.

3. Nach der Garzeit die Flüssigkeit durch ein Sieb filtern, das mit einem Küchentuch ausgelegt wurde. Erst jetzt salzen und entweder in sterilisierte Flaschen füllen (zwei Wochen haltbar) oder einfrieren.

L01831 07:02
01.07.2024 K

Pilz-Gemüsebrühe

Pilzbrühe ist viel kräftiger und robuster als Gemüsebrühe. Sie eignet sich wunderbar als Grundlage für Risotti oder asiatische Nudelsuppen. Oder servieren Sie sie mit Pfannkuchenstreifen garniert als leichte Vorspeise.

 12 Portionen

 TOPFGRÖSSE 6,5 Liter

 VORBEREITUNGSZEIT 15 Minuten

- 3 l Wasser
- 10 g getrocknete Steinpilze
- 200 g frische Champignons, in Scheiben
- 25 g getrocknete Shiitake-Pilze
- 1 Bund Suppengrün, grob gehackt
- 2 cm frischer Ingwer, grob gehackt
- 2 Zwiebeln, geviertelt
- 1 Knoblauchzehe
- 2 TL Salz

Zum Abschmecken nach Wunsch:

- weiße Misopaste oder Sojasauce (für die asiatische Richtung),
- alternativ Salz, Pfeffer, Worcestershiresauce

7–8 STD  Low oder 4 STD  High

1. Das Wasser in den Einsatz des Slowcookers geben. Pilze, Suppengrün, Ingwer, Zwiebeln und Knoblauch zugeben, mit Salz abschmecken. Falls gewünscht, weiteres Wasser bis zur ⅔-Marke des Einsatzes auffüllen.

2. Auf Stufe LOW etwa 7 bis 8 Stunden garen, auf Stufe HIGH sind es etwa 4 Stunden.

3. Die Brühe durch ein Küchentuch filtern. Sie hält sich in sterilisierten Flaschen etwa 2 Wochen im Kühlschrank oder lässt sich gut einfrieren.

Tipp Die Shiitake-Pilze schneide ich nach dem Garen klein und verwende sie in der Brühe. Die restlichen Gemüsesorten sind mir zu ausgelaugt, da nehme ich lieber frische Suppeneinlagen.

Tomaten-Auberginen-Sauce

Das ist die ideale Pastasauce für die Sommersaison, wenn es frische, sonnengereifte Tomaten (wohlmöglich sogar aus dem Garten) im Überfluss gibt. Sie lässt sich wunderbar für den Vorrat einfrieren oder in sterilisierten Gläsern einwecken.

6 Portionen

TOPFGRÖSSE
3,5 Liter

VORBEREITUNGSZEIT
15 Minuten

- » 800–1000 g sehr reife Tomaten ohne Strunk
- » 1 Zwiebel
- » 1 Knoblauchzehe
- » 200 g Tomatenmark
- » 400 g Aubergine, in 1 cm großen Würfeln
- » evtl. 50 ml Rotwein
- » 1 TL Salz
- » Pfeffer
- » Je ½ TL getrockneter Oregano, Rosmarin, Thymian
- » 2 EL Olivenöl

Zum Servieren

- » Parmesankäse, gerieben

1. Tomaten, Zwiebel und Knoblauch portionsweise in einen Zerhacker geben und nicht zu grob zerhacken. Mit Tomatenmark und Auberginenwürfel in den Einsatz des Slowcookers geben. Mit Rotwein, Salz, Pfeffer und Kräutern abschmecken.

2. Den Deckel aufsetzen und auf Stufe HIGH etwa 3 bis 4 Stunden (je nach gewünschter Konsistenz) garen, auf LOW sind es 6 bis 8 Stunden. Das Olivenöl unterrühren. Auf Pasta servieren und mit Parmesankäse bestreuen.

6–8 STD

oder

3–4 STD

Tipp Auch andere Ernteüberschüsse wie Paprikaschoten und Zucchini können zugegeben werden.

Cranberry-Sauce

Die herbsüße Cranberry-Sauce schmeckt gut zu Braten (zum Beispiel zum glasierten Schinken auf Seite 76), oder zu Pfannkuchen. Ich schichte sie auch mit Quarkcreme und Spekulatius zu einem wunderbaren Winterdessert.

8 Portionen

TOPFGRÖSSE
2,4 Liter

VORBEREITUNGSZEIT
5 Minuten

- » 200 g Cranberrys, frisch oder TK, nicht getrocknet
- » 350 ml frisch gepresster Orangensaft
- » 100 g feiner Zucker
- » 2 Stangen Zimt
- » 2 fingerlange Stück Bio-Orangenschale
- » 2 Nelken

1. Die Cranberrys waschen und mit den restlichen Zutaten in den Slowcooker-Einsatz geben. Den Deckel aufsetzen und auf Stufe HIGH etwa 3,5 bis 4 Stunden garen, bis die Beeren geplatzt sind und die Sauce dick wird.

2. Die Gewürze herausfischen, mit weiterem Zucker abschmecken und in kleine sterilisierte Gläser abfüllen. So hält die Sauce, im Kühlschrank aufbewahrt, etwa 4 Wochen.

NICHT EMPFOHLEN
Low

3,5–4 STD

High

Sachwortverzeichnis

Rezeptverzeichnis nach Kapiteln

Suppen, kleine Speisen, Beilagen

Mit Rind- oder Schweinefleisch

Mit Geflügel

Vegetarisch

Hauptgerichte mit Geflügel

Mit Hähnchen

Mit Ente, Gans und Pute

Hauptgerichte mit Rind, Kalb und Lamm

Mit Rind

Alphabetisches Rezeptregister

Lieber Leser*innen, liebe Slowcooker-Köch*innen,

ich bin Fach- und Kochbuch-Autorin, Food-Bloggerin, Hausfrau und Mutter. Um all das unter einen Hut zu bringen, habe ich schon vor über 15 Jahren das Kochen mit dem Slowcooker für mich entdeckt. Meinen ersten Schongarer musste ich noch in England bestellen, inzwischen gibt es die günstigen Geräte aber glücklicherweise auch in großer Modellauswahl in deutschen (Online-)Shops.

Was es jedoch lange nicht gab, waren gute Slowcooker-Rezepte auf Deutsch. Mit vielen frischen Zutaten – im Gegensatz zu den Rezepten aus dem englischsprachigen Raum, die oft heftig Gebrauch von Fertigprodukten und Würzmixen machen. So wurde meine Küche zur Testküche für Gulasch, Rouladen, Möhreneintopf & Co.

Erst füllte sich meine Webseite slowcooker.de, dann folgten Kochbücher im Eigenverlag. Und nun schon Nummer 2 für Bassermann – quasi mein »Best of« aus 15 Jahren Kochen mit dem Slowcooker. Viel Spaß beim Ausprobieren!

Für weitere Informationen zum Slowcooker und bei Fragen zum langsamen Kochen stehe ich Ihnen gerne zur Verfügung: slowcooker.de/kontakt

Ihre

Gabi Frankemölle

1. Auflage

ISBN 978-3-8094-4552-4

Umschlaggestaltung: Atelier Versen, Bad Aibling
Herstellung: Elke Cramer
Projektleitung: Anja Halveland
Bildredaktion: Sabine Kestler

Texte, Rezepte und Fotos: Gabriele Frankemölle

Satz: Nadine Thiel
Reproduktion: Mohn Media Mohndruck GmbH, Gütersloh
Druck: Mohn Media Mohndruck GmbH, Gütersloh

Printed in Germany

Penguin Random House Verlagsgruppe FSC® N001967